Vischer   Sekunde durch Hirn, Der Teemeister, Der Hase

Frühe Texte der Moderne
Herausgegeben von Jörg Drews,
Hartmut Geerken und Klaus Ramm

Melchior Vischer
Sekunde durch Hirn, Der Teemeister,
Der Hase und andere Prosa

Herausgegeben von Hartmut Geerken

edition text + kritik

Für diese zweite Auflage wurde der Text von *Sekunde durch Hirn* neu durchgesehen und die Bibliographie auf den neuesten Stand gebracht.

CIP-Kurztitelaufnahme der Deutschen Bibliothek

Vischer, Melchior
Sekunde durch Hirn, Der Teemeister, Der Hase und andere Prosa / Melchior Vischer. Hrsg. von Hartmut Geerken. – 2. Aufl. – München: edition text + kritik, 1983.
   (Frühe Texte der Moderne)
   ISBN 3-921402-27-1

(c) 1976 by edition text + kritik in München
Den Umschlag entwarf Dieter Vollendorf
Gesamtherstellung: Topdruck GmbH, Neufahrn
ISBN 3-921402-27-1

Der Schogun

Als sterner Blick durch warme Nacht tropfte, wachte der Schogun plötzlich auf und entstieg harten Matten. Fasste im Halbschlaf glatten Beingriff, riss die Holzwand beiseite, dass sie auf Rillen rollte. Presste traumtolle Stirn an die eine schmale Latte der schiebbaren Tür. Sah in den Garten hinaus, der im Helldunkel einer satten blauen Nacht zypressenbegrenzt lag. Vor befangenen Augen. Roch den schweren Duft der Irisblüten. Fühlte dann – letzten Brocken eines schmerzlichen Traumgesichts entgleitend – urplötzlich Bewusstsein. Nun auch seine Stirn am kühlen Holz.
»Wie heiss mein Kopf doch ist. Und wie seltsam die Nacht,« röhrte es aus seiner Brust. – »Wie kalt der Lack,« und Hände spürten die Politur hölzerner Scharniere.
Dann blieb er still und versann sich in Nacht und Garten hinaus. Du bist Gentaro, der Schogun. Der Kronfeldherr des Kaisers. Der Mächtigste im Reiche. Zittert nicht selbst der Mikado vor Dir? – Du bist der Schogun. Nippon haucht bebend Deinen Namen.
»Ich bin der Schogun!« ruft eine Stimme metallen in das Schweigen hinaus.
Er schrak nieder. Fremd starrt noch der Ton. Noch. Wie eine Säule aus Eis. – Das war eine Stimme. Schogun, hast Du gar Angst vor eigner Stimme?
Fragende Augen gossen zum Himmel. Schrumpften hernach. Wurden klein. Wurden schief. Insahen.
Aus Zwerggebüsch hervor glotzt der Weiher. Klar schwimmt ein Stern auf flachem Wasserspiegel. Einzeln und allein. Manchmal vibriert sein lautres Licht, wannen ein Hauch von dichten Zweigen her über das einsame Wasser hinweggesegelt. Ein Stern strahlet wider. Und doch oben an der Welt des nachtenen Blauhimmels mehr Sterne stehen. Funkeln. So viele. Blicke drehen sich aufs neue zum Weiher. Ein, ein, ein Stern. Stunden werden reif. Da tanzt wiederum Traumgesicht:
Das Wasser irisiert. Scheint in Schichten zu rasen, sich verdichtend zum schnellen Abgrund. Traumfern tief stiert nasser Schlund. Übergross. Im Schauen wird Wasser hart. Wie als ge-

friere der Weiher zusehends zu schwarzem Eis. In Momenten blickt er als Platte aus finsterm Marmor. Das ist Ewigkeit. – Blöder Augapfel, nein, nein, ist Wasser, Wasser. Ein Stück Wasser. *Der* Stern blinkt darauf wie dreister Eremit. Sprühend und doch nicht sprühend. Blass und doch nicht blass. Das ist kein Stern. Kein Abglanz auf wässernem Spiegel. Kein Abbild. Der Funken dort leuchtet *aus sich selbst heraus*. Magisch. Deutlich jetzt. Nun verschwommen. – Das ist Voransage eines unbekannten Symbols, das von irgendwoher droht. Das ist Schemen. *Vision*. Unkenntlich in Konturen. Nur seelisch zu schauen. Weil irdenen Augen unwillkommen. Enthüpft einer astralen Geometrie. Verirrt auf Erden. In den Garten des Schogun. Andres Gestirn bleckt vom Firmament. Ölig. Aber nur Eines ist vexierend vom Weiher auf den Brennpunkt im Auge. Bild wird geworfen vom *Grund*wasser. O gischtet ihr Welten, senget ihr Himmel! Da tost gebenedeite Urkraft. Da vollzieht sich Zukunft.

Weiher, ich peitsche Dich! Stern, ich stürze Dich! Halt, was willst Du? Bist Du irr in der Vornacht grosser Tat? Erkennst *Du* nicht den Stern? Der Stern ewigt. Ist seelisches Gleichmass. Und der Stern quillt Traumornamente. Kreisst in Visionen bildhafte Vorgänge. Schlängelt Vermutungen, die als Ekstasen heiss durch Hirn und Seele schiessen.

Erde, ich reiss Dir die Pole aus den Lagern. – Ich bin selbst der Stern. Ich, der Schogun. Suchend stürz ich durch alle Sphären, den letzten Feind zu fällen. Die Pole sind tot. Nur ein solches trotzt mir. Dort. Was übrig blieb vom grossen Riss. Dort. Die Achse, die gewesne Pole verband. Die Köpfe fehlen wohl. Aber sie ist noch, sie ist noch. Dich muss ich treffen, Dich, Du ödes Ungeheuer. Starrst Du nicht im Speichel, wie ekles Wachs? Du bist Achse. Du rollst. – So muss List ich brauchen. Knittrige Wolke schwimmt gerade grubendunkel über himmligen Plüsch. Umschwärzt den Stern. Jetzt ists Zeit. Jetzt knallt die Stunde. Jetzt spiralt es heran. Von unten. Zur Achse, die ahnungslos wie ein jungfräuliches Tier. Zur Achse. Zur Achse, die noch frecht. Hin zum letzten Wider. Ganz nahe. Und bricht

sie entzwei. Bricht sie – Stern – Schogun – ich. Es triumphiert bellend ein Gebrüll durch stinkende Winde, als – (und wieder der Stern, und wieder der Stern) – durch den Verklang der berstenden Achse, als, als der Stern wiederum auf schwarzem Wasserspiegel steht.
Und Tiereston riss traumhaft umnebelte kaltherzig aus schöner Verworrenheit. Setzte wieder auf gewöhnliches Menschenaug den Blick. Der zum Erdlichen niedergeholt ward wie ein böses Segel. Der Blick ist vom Menschen. Vom Schogun. Stösst Schauen in den Zirkel der Vernunft und Möglichkeit. Der Blick. Senkt sich. Kollert herab.
Hari, die Katze drängte an Gentaros Beine. Hari ist gut. Milchig strahlte ihr Körper im somnambulen Flimmer ostasiatischer Nacht. Da buckelte Hari auf. Schnellte kometengleich von Seite des Schogun. Weg unter Schlinggewächs und Blattpflanzen. Verschwunden. Nur von weit klagte noch Ton. Bis auch der verstillt war.
Und wieder Weiher. Und wieder Wasser. Und wieder Stern. Wirklichkeit höhnte banal.
Wieder der Stern.
»Das bin ich. Das bin ich,« fletschte der Schogun und dehnte Hände. Dehnte Körper. Reckte Muskeln. Straffte Hirn. Über sein Gesicht zog Lächeln, das bleicher war als zehrender Mond. Nun blieb es faltig vor Mundwinkeln steil stecken und versteinte.
»Stern Du, dort auf Wasser. Ich nimm Dich als Omen. Als gutes Omen. Du blinkst allein. Deine Brüder von hoch sind erloschen. In Deinem Umkreis. So will auch ich blinken über Nippon. Als Einziger. Als Grosser. Ich preise die Vornacht grosser Tat. Morgen der Tag! Der mir im Innern schon lang sprudelt, kühner Verheissung voll. Stern, ich nehme Dich beim Wort. Gut war der Traum. Dein Traum«, gurrte Gentaro kalten Sinnes in kleine Nacht hinaus. Die war geduckt vor Ehrfurcht. – Seine Lider hielten schwer. Trieben voll Sehnsucht auf unterbrochnen Schlaf zurück. Doch da kegelte noch ein Gedanke durch müdeweichen Sinn. Vokalte zur Frage:

»Doch eins mir noch künde, hellsehischer Weiher Du! Was ist die Deutung von der Achse? Schnell, spei Antwort. Das Rätsel schmerzt mir Hirn«, und der Schogun beugte sein Ohr zur Seite im Lausch.
Nichts.
Kleine Nacht ward gross. Jäh umflorte sich der Weiher. Aus Büschen sprang Schwarz und *losch* den einen Stern. Seinen Stern.
Durch Garten stob Wind und barst an seinem Gesicht. Der Wind, der Wind er klang wie leises Metall. Oder wie fernes dünnes Glas, das bricht. Gentaro fühlte ein Kalt. Der Stern auch schwand. Ein Ruck. Ein Griff und Bewegung. Leichte Wand schoss scharrend zu.
Mit Worten »Morgen flammt der Tag. Morgen ändert sich die Welt. Meine Welt. Ich werde Herr sein unumbeschränkt,« wandte sich der Schogun lagermüde rück zum Raum. Schlürfen selbstbewußter Schritte. Harte Matten sind barmherzig. Grosser Schlaf ringelte an ihm empor. Deckte ihn mit Hoffnung zu. Wieder Schlaf . . .

Hundert Purpurfalken machten Morgenhimmel schwarz. Sie flogen von der Stadt her, kolonnengereiht gen Süden.
Das war das Zeichen. Geheimes Signal von den Freunden im Palaste. Im Mikadopalaste. – Beginn! Beginn! Nun schnelle Wagemut! Denn jetzt gebiert sich eiserne Stunde der Tat, der Kraft und säbelt über noch ahnungsloses Land. Jetzt fällt mein Stern in die Welt. Glück Euch, Freunde und mir! Und mir. Wenn der Abend kommt wird sich Nippon vor Gentaro neigen. – Sann der Schogun. »Mein Stern, mein Stern!« jubelte er dann laut auf.
Oko, der Diener kam und brachte, sich stumm verneigend, die prunknen Gewänder. Gentaro schien's, als verneige sich heute Oko tiefer als sonst. Mit scheuer Ehrfurcht ist der Diener um ihn, als bereite er ein Hochamt. Hari, die Katze lag da, mitten im Raum, grünen Blicks. Die Kadzuka, das Schwertmesser war schon umgürtet. Mantelartiges Gewand warf ihm nun Oko über

die Schultern. Der Schogun nestelte gerade noch mit opalner Spange den Kimono unterhalb des Halses zusammen, als Getöse draussen ward.
Und Freunde hereinstürmten. In Schweiss.
Opalne Spange fiel. Weisse Katze wegangstete. Oko dumme Augäpfel stier verdrehte.
Aufgeregte stürzten rissen umschrieen den Schogun, der bleich im cyanblauen Kimono säulte. So schrecklicher Frage glich. Als Monument. Vergebens stiess er nach Zusammenhang. Viele Worte tosten um sein Ohr. Wirr. Schneidend wie scharfe Messer. Wie spitze Messer. Stahl. Stahl. Sausen karusselte ihm vor Augen. – Seine Rechte zückte endlich nach der Stirn. Da fasste er. Verstand einzelne Worte. Hernach den Sinn.
Rette Dich, Schogun, rette Dich! Flieh Edler, flieh schnell! Noch jetzt. Auf der Stelle. Alles verloren, alles! Verrat. Der Mikado war schlau. Unheimlich schlau. Er wusste schon von der Verschwörung. Kaum, dass wir verschworen. Kaum, dass sich die Verschwörer selbst kannten. Die Schächer sind schon hinter Dir. Nie wirst Du Mikado. Nie. Verloren dies auf ewig. Das Volk dampft. Dampft vor Lust im Schauer kommenden Richterspruchs. Schreit dem Mikado zu. Schreit ihm Jubel. Will Dich auf blutger Stätte sehen. Brennt darauf. Weil Du bosheitschwärend und vermessen den Mikado stürzen wolltest. Du – als Irdener den Himmelssohn. Fluch! – Schogun, Schogun, eile! Weg von hier! Schnell.
So schwirrten Worte wie nervöse Furiosomusik.
Immer noch der Schogun hochstand im Prall Kopfloser. Emporgeschossen in einer See von Kleinmut.
Wie aus Stein. Die eine Hand am Knauf vom Schwert. Ohne Blut und Fühlen. Klirren, dumpfes Klirren verruchter Panzer. Harte Schritte. Wie im Takt. Sie sind schon draussen! Hört ihr die Waffen schreien? Schogun! Auf! Auf! Durch den Garten! Auf!
Ruhig erzene Stimme durch bangen Raum sägt und gefrorene Stille an erschreckte Wände heftet:
»Ich bleibe«.

Das ist die Richtstätte.
Knapp vorm Sonnengrab und am Abend des Tages verunglückter Tat. Das ist die Richtstätte. Umsäumt von Volk. Rot, rot, rot. Die Leute im Kreis scheinen auch roten Gewands. Schergen bringen den Schogun. Herrisch er noch immer. Und nackt. Er. Die Hände steif. Die Füsse schwer. – Volk seufzt auf. Verzückt, verzückt, herrlich Schauspiel vorschmeckend. Arg ist dem Schogun die Sühne. Nicht durfte er selbst sich vom Leben entschlitzen. Wie es einem Samurai Gebühr. Wie ein Hund, wie ein Auswurf wird er angesichts des Pöbels gerichtet. Grausam ist der Mikado. Aber gleichwohl, gelobt sei der Mikado. Der Herr des Himmels und der Erde. O Mikado!
Allerbarmer Henker dort beim Block knochig steht. Lust der Erwartung in Süsse über Schauende huscht. Rausch. Gütig triefen aus höhnendem Munde dem schrecklichen Mann markige Worte:
Knie nieder Schogun! Zu Deinem Krönungsgebet! Fürsorglich bin ich und gut. Schau her! Blankes Schwert des seligen Augengleichs hab ich mit braunem Zimtstaub bestreut. Damit süss Dir sei das unendliche Gebet!
Starr stand der Schogun. Kronfeldherr auch jetzt. Weder stolz. Noch Umwelt verachtend. Noch bebend. Noch in Wut. Sächlich nur. Sonst nichts. Sächlich dies Monument. Wie ein Niemand. Oder wie ein Gott. Und steint. Und steint der Schogun. Der Schogun.
Da rissen die Knechte schrillend im Geifer den nackten Körper des Edlen, (steinhart und zum Herrschen geboren) nieder auf kaltes Gestein. Denn die Sonne versank und Dunkelheit wob schon in der Luft.
Geneigten Hauptes wartete der Schogun.
Sichelschwert pfiff. Biss. (Im rennenden Schmerz über Blaunacht, Garten, Weiherbild sprüht, funkt, hellt Blitz: Die Achse, die Achse?) Gleichzeitig mit Ausklang grausamen Schnitts versiebte leiser Ruf: »Der Stern! Der Stern!« auf springroten Lippen, als lächelnder Kopf lächelnden Mundes in Blut verlallte...
Sternener Blick tropfte trüb durch bittere Nacht.

Simon von Kyrene

»Ich verstand die Stille des Äthers, des Menschen Wort verstand ich nie.«

Hölderlin

Als gerade die violette Sängerin ihre letzte Strophe aussang, ergriff ihn Ekel. Er sprang mit heftiger Bewegung hoch, zerbrach die Tasse und stürzte hinaus. Ein Schrei, ein Schuß pfiff ihm noch nach, obwohl er, im selben Blick die Augen voll Rosenkranz, an die Mater Dolorosa dachte; er schlug ein Kreuz und fühlte Naß am linken Oberarm; er sah; rot: eine Kugel war hier durchgegangen.

Er zückte einen Kreiselstoß von Bewegung empor, zur Kuppel, wo Sterne; schon schüttelte ihm ein Polizist die Faust vors Gesicht, knasterduftende Faust und rief: »Halt Sie . . .« er lief weiter.

Ein Satz fiel auf ihn herab: Du hast die Porzellantasse zerbrochen, du bist der Mörder der Tasse!

»Nein, nein, nein, ich hab nur Pomeranzen gegessen und Du hast mich nicht verflucht; wir stehen im Zeichen des Widders, die Schlange ist fern verblaßt, der Himmel schwarz, Tribunal wird Auferstehung. Ich röchle nicht,« schrie er, beengt, angstumschweißt aus Mauerfessel.

Gasse.
Kandelaber ward Kristus. Hilf Herr!
Gasse wurde Nacht.
Gasse wurde Morgen.
Gasse lief durch den Häuserbauch aus der Stadt. Wolken schwammen zeniten, weiß. Ein Sonnenstrahl gattete Luft. Das Feld lag taufeucht, weit, ganz grünes Meer.
Er rannte an.
Da zog ein Mann in öliger Lederjoppe die Mütze; er, herkeuchend, lächelte, stieg ein, fast beglückt, der Aero schwang sich auf, schreckerstarrt er plötzlich zurücksah; der Pilot war nicht mit, der Pilot war dort unten.
Er war allein, der Aero schoß hoch, hoch; der Propeller surrte ein kosmisches Lied. Das Kreisen um Sonne ward groß. Hirn, Wolken wurden eins. Lach doch blöder Bauch! Er stob ja durch eigene Hirnsteppen; der Äthervogel fegte seine Schwingen an, gellte: Sieh! dorthin! und quer stand in Hirn, Wolken, Blitzeskeimen schreiendes Gelächter:
Nimm das Kreuz auf Dich!

Girr schellte sein protestender Arm in die berstende Luft, die schnob. Der Aero stürzte ab, rasend, schnellte; ein Pfiff; in Humus, feucht; er fühlte noch, daß sein Genick zerbrochen, ein sägender Schmerz; gebrochen! Und daß Gott nicht ist! Alles nur Knochen! Er schlug seine Augen auf: Spital, Geruch war medizinen. Er lag im Bett. Eben strich ihn der Arzt über seine Schulter. Sonne stach. Wörter plätscherten: »Drei Jahre war er bewußtlos. Ein starker Denkzettel. Mit unseren Aeros wagt man eben keine Rekords, jede Technik versagt.«
Die Schwester drückte ihm einen Stab, einen nackten Stab in die Hand, er etwas rückenverkrümmt, schief, aber gleichwohl verwundert ging hinaus, schneller. Er qualmte beinah über vor Gelächter: Da stand außen an der Wand der Maurer mit Kelle. »Ich will Dir die Kelle abnehmen«, hörte er sich selbst, »kennst Du mich nicht mehr?«
»Ich kenne Sie nicht«, wandte sich der Mann kalt ab, und warf ruhig Mörtel.
Da schrie er auf, reckte seine Gelenke, ballte die Faust; hielt sein Gehirn mit Gedanken gepreßt, drei Jahre irgendwie, irgendwo seit dem Schuß und Aerosturz verbracht zu haben, *ohne* Bewußtsein, gebückt, gebückt, haha, Rückenmark fehlte, nein! es war beschädigt! Sein Blick glitt nieder, dann herauf um seine Gestalt: Sein Anzug war morsch. Am linken Oberarm war noch ein Loch, jetzt gestopft, doch farbig umrandet: »Rot, rot« ächzte er auf, sah aber: Braun.
»Guten Tag, Frau, Magd, darf ich Euch die Kannen tragen?« und schon wies ihn unverstehender, doch kalter Blick des Milchweibes ab, die mit Blechgefäßen einen schweren Gang hatte, nun sein demütiges Auge verschüchterte: »Damit Du die Milch raussaufen kannst, das möchte Dir passen!«
Er verglaste seinen Blick.
Dem Weib ward Angst, ihn so starr erschauend, sie hastete weiter: »Der ist verrückt!«
Er aber lächelte:
Denn ein Erlebnis schäumte auf:
Der Jüngling kam heran, dort war das Baugerüst, der Jüngling

schwang sich auf den Sprossenansatz, kletterte empor, hoch, dort am First hantierte er nun: Ein Stukkatör.
Er stand unten.
Liebe zum Jüngling erfüllte ihn ganz. Eine Kinoscheibe schnitt ätzend plötzlich durch sein Schauen: Der Jüngling, Stukkatör, oben, oben verlor sein Gleichgewicht, hinterrücks fiel er ab; das Gerüst sauste; der Jüngling lag schon als blutige Fleischmasse da, noch ehe das dumpfe Geräusch zu ihm drang, zu ihm, dem das Lächeln von vorhin wie in Stein gekerbt blieb, starr, schrecklich; eine fremde Stimme schrie aus ihm: nein, nein, lebe, lebe! Er schaute empor: Der Jüngling kletterte ruhig herab.
Er metzelte einen tierischen Freudenlaut durch sonnschwere Mittagsluft, und stürzte auf den Stukkatör, der eben den Boden erreichte zu, erfaßte dessen Hände und beweinte sie, immer wieder diesen einen Satz schluchzend: »Ich hab Dir das Leben gerettet!«
Der Stukkatör mehr hungrig als erstaunt, wehrte den Menschen ab und brüllte: »Geh ins Irrenhaus!«
Er hörte »Haus«, er wimmerte ängstlich: »Nein, nein, ich komme von dort«.
»Also entsprungen? herbei! schafft ihn wieder zurück,« rief der Jüngling.
»Nein, ich will nicht mehr ins Krankenhaus, nein!« er keuchte eine Pause, »ich hab Dir doch das Leben gerettet: weil ich Dich liebe. Ich werde Dich immer lieben!« damit fing er plötzlich zu laufen an; lange, bis jene harte Frage ihm ins Gesicht schlug: »Wie heißen Sie?«
»Wie ich heiße? Ja, ja, ich heiße ... gewiß, ich habe einen Namen, oder hatte? Mann, Freund! Geduld. Ich sage Dir ihn gleich, sofort, nur wird mir Besinnen so schwer; es gibt so viele Namen in der Welt, einen davon habe ich bestimmt; aber mir ist Raum, Zeit, alles in eins verflossen, ein Unterschied ist nicht da. Auch Mensch Tier Pflanze Ding Luft alles eins, *eine* Linie: ich war, ich bin, ich werde. Da kommt ja mein Name, ich heiße ...«
»Danke. Sie sind engagiert. Als Weltumarmer, Kreuzaufsich-

nehmer, unterschreiben Sie den Kontrakt: Sterne waren bloß Glühlampen; Himmel azurblaue, auch nachtschwarze Leinwand; Auferstehung abends nach sechs, Sonn- und Feiertags zweimal; Golgatha die Arena; das Publikum jauchzend in der Runde; Kometen rochen nach Schwefel, weil es Raketen waren; Gottes Gerechtigkeit und Schutz: Polizist und Feuerwehrmann: »Globuszirkus von Rinaldo Squenz«.
Er trat auf.
Er lächelte.
Er riß Gesten.
Er sprach.
Er nahm alles auf sich: Geschrei von Jubel, von Hohn, Äpfel, Zigarettenstumpel, Spuckgrüße ins Antlitz, seltene Kupfermünzen [und die außer Kurs gesetzt], zerrissene Taschentücher, Erbsenschüsse aus Schnappistolen, Stinkbomben, auch Billetdoux, Dakaporufen.
Er verbeugte sich. Tief in Sägespäne. Schlicht, demütig.
Er lächelte.
Er trat ab.
Rinaldo Squenz gab ihm – die Elefanten blökten, Morgennebel waren grau – ein Rudel Ohrfeigen; er fiel nieder, zog des Zirkusdirektors Schuhe aus küsste seine Füße und wusch sie: er lächelte schon wieder, als er vor der Terrasse stand, warf seine Augen bang über den Fluß, stülpte die Hände, und sog Sonnenstrahlen ein, daß Wärme durch seinen Körper zitterte. Unten trieben Schiffe, Ketten klirrten ein Lied, das klang wie Gelächter: links dort im Cafégarten schlürfte die violette Sängerin Eis.
Da ward ernst seine abendliche Miene, er bedeckte seine Blöße, trat vor sie hin und sprach: »Du bist also noch nicht gestorben? Vor Jahren habe ich Deinetwegen irgendwo eine Tasse zerbrochen. Dies ist das Ergebnis meines Lebens: Ich bin der Mörder einer Porzellanschale. Kennst Du mich noch?« als schon schwarz vor seinem Gesicht der Aristokrat – Portugiese, schlank, gegenwärtig erotischer Mann der Sängerin in Hotelnächten – hochtauchte und ihm einen Schlag ins Antlitz gab,

daß es plötzlich feucht ward. Das Lachen der Dame war melodiös.
Er verbeugte sich, nahm ein Stück Zucker vom Tisch, reichte es dem Tschin der Sängerin hin, drehte sich um, glaubte dennoch an Güte, sah das Nichtgesicht Buddhos auf der Hemdbrust des ankeuchenden Kellners, grüßte zum Hafen hinunter die vorüberfahrende Yacht. Er lief zum Strand, streckte seine Arme zum Himmel, steil; hielt sie so, lange, währenddem Trimmer auf ankernden Fahrzeugen an Kohlenladung schafften und Baggerer ganz in seiner Nähe sangen.
Langsam sprach er die Worte wie ein Gebet: »Ich will Euch die Last abnehmen. Schenkt mir Eure Arbeit!«
Sie bekümmerten sich nicht um ihn, bis ihn einer mit Fusel begoß und ihn anzünden wollte zum Spaß. Da wich die Starrheit, er floh ab, hielt nun still. Erschöpft bückte er sich: Spielte mit den Kindern, lange, bis er sie verscheuchte mit der unkindlichen Frage: »Habt Ihr schon einmal mit toten Fischen getanzt?«
Da war er einsam, kaum ein Glockenschlag verklang, obwohl der Kreis um ihn weit war von düsteren Häusern.
So spürte er den Vesperwind, verfolgte den taumelnden Gang des Laternenmanns, hielt denselben für einen katholischen Papst aus dem Quattrocento; nun klopfte er an eine Tür, von irgendetwas tief ergriffen, gebetlich bewegt und trat in ein Haus und Interiör, das war, als hätte es Campendonk gedacht:
Der Greis wies auf die Schüssel mit Kirschknödel, das Mädchen verpreßte eine Schelmerei. Er aber aß nichts; er blieb stumm.
Als von draußen eine Harmonika durchs Zimmer einen vergessenen Psalm in den Dampf der Speise legte, stand er auf, durchtobt von Welt, segnete Raum, Greis, Mädchen, Knödel, in Nichts verzitternde Töne und sprach: »Hier muß ich schon einmal gewesen sein!« Da erschrak sein Mund jäh: durch die Tür sah er in den Stall, wo der Bock irr an der Kette zerrte, die Ziege indes das Junge warf. Operettenschlagerrephrän, von einer Magd oben im ersten Stock beim Tellerwaschen herabgesungen, störte blechern die Messe des eben erlauschten Beisammen-

seins. So stieg Schweiß über seine Stirn hernieder, schluchzend verließ er das Haus, die Hände vors Gesicht geknüllt. Die riß ihm jemand weg. Moschusgeruch umschwälte ihn: Eine Hure, den Sinn der Freiheit offen mit sich tragend wie ein Plakat, nicht prickelnd verdeckt durch einen lüsternen Kitzel bürgerlicher Moral, oder noch nervpeitschender gemacht durch Heirat eines einflußreichen Gatten, nein! immerdasselbe, nackt geoffenbart: Eine Hure wuchs vor ihm.

Trotz der Nacht ward es im Umkreis hell, als er zu lächeln begann, Arm um des Weibes Nacken schlug, beglückt lächelte und die Luft wärmer fühlte. Jetzt begriff er die Heiligkeit der Welt ganz. So glücklich war er, daß er rief: »Ich schenke Dir mein Glück, gib mir Dein Leid!« Da schüttelte die Hure ihr Haupt. Warum? Er sah's nicht, doch die Baumkronen rauschten; so mußte sie verneint haben. Er blieb stumm, auch sie, die erste Gasse der Vorstadt klapperte schon, als barsch ein Schatten herantrat, kräftig. Das Weib lachte und verließ ihn. So sank er verzweifelt hin, in der Gasse und wachte erst auf, als ihn ein Fleischerhund beleckte, und die Sonne über der Stadt sah: Verhalten trat er in das alte Weihrauchschwanger der Kathedrale ein. Er kam zu spät, der Segen war schon vorüber, eine legitime Hure getraut. Das rehabilitierte Kind schrie am Arm der blöden tschechischen Amme, als wüßte es, daß es vor aller Welt nun Ehre hätte.

Seine Demut riß sich von ihm weg. Er trat nach dem Sakrament aus dem Schatten der stillen Pilaster zu den Leuten und sagte zu der Getrauten: »Habe ich nicht heut nacht mit Dir geschlafen?« Der Mesner legte ihm schon die Hand an den Mund, feucht, und die Faust in den Rücken. Er ekelberstend riß sich von der Umklammerung frei und schallend lachte er durch das kirchliche Schiff: »Nein, nein, es war eine andere, körperlich zwar verschieden, doch gleichwohl dieselbe. Wo ist der Papst?« als er schon gefesselt auf dem Stadtautomobil zum Gefängnis eingereicht wurde: Religionsstörung, Ehrabschneidung, Erregung öffentlichen Ärgernisses: Das war die Anklagebank. Er trat ein, die Hände immer wie segnend vor sich hingebreitet,

das Antlitz voller Güte, die Augen heilandisch mild.
Die Verhandlung hub an, würdig, talarmäßig, wenn es *ihm* auch deuchte, er sei auf einer Auktion oder in der Börse. Das Verhör begann; das Kruzifix stand wartend.
»Sie heißen?:« Achselzucken. Dann plötzlich klang es wie die Stimme der Mutter aus ferner Jugend:
»Simon«.
»Alter?:« Ungenau, da er die Antwort in Mondjahren gab.
»Beruf?:«
»Hochverräter«.
Vorbestraft wegen Mordes einer Porzellantasse.
Ziel seiner Landstreicherei: »Ich will das Kreuz auf mich nehmen!«
»Er will das Kreuz auf sich nehmen, gut, das werden Sie sofort können!«
Plötzlich ward der ganze Raum paff: »Bitte Herr Richter, übergeben Sie mir Ihr Amt!«
Das Gelächter war nur angedeutet, da die Feder des Gerichtsschreibers laut kratzte.
»Ich bin der Richter! Ich spreche alle Angeklagten der Erde frei. Ich spreche Euch alle frei!«
»Verhöhnen Sie nicht die Amtshandlung. Hier ist kein Kabarett. Sie sind verurteilt: drei Jahre Zuchthaus!«
Er lächelte; er fühlte sich nackt.
Da siebte der Verteidiger Worte durch den Saal, die kalt schnitten: »Hoher Gerichtshof! Sehen Sie nicht, daß der Mensch verrückt ist?« [Wärmende Bitte um Freispruch vergaß der Anwalt, begreiflicherweise, da die Verteidigung auf Staatskosten geführt wurde].
»Dann schaffe man ihn ins Irrenhaus!«
Da brüllte der Angeklagte: »Nein, da schon lieber ins Zuchthaus! Ich bin vollkommen gesund«. Gerichtspersonen mit oder ohne Talar, Publikum, sogar die Polizisten schwiegen irgendwie beklommen, schuldbewußt. Die Stille war peinlich.
Man führte ihn hinaus: Die Knute des Aufsehers war schmerzlich, das Bett, Brett brennend des Nachts, Fingernägel blutun-

terlaufen, Arbeit schwer, hetzend, Kost schüchtern.
Lächeln steilte immer um seinen Mund.
Das reizte: der boshafte Aufseher ward deshalb grausam, grausamer: ausgesuchte Quälerei verkürzte die Zeit: Als er ging, küßte er dem Aufseher Hand und Fuß und bat: »Gib mir deine Knute, damit ich sie verbrenne!« Ein Tritt war Antwort, er stand schon draußen wieder, in Zivilisation, aus der verparagraphierten Zivilisation eben entlassen; diese noch bitter auf Zunge schmeckend.
Mit Weinen begrüßte er die Freiheit: Er schippte auf dem Ozeandampfer schwere Arbeit.
Sonne flog am Himmel. Im Vorübergehen auch der Slazingerball der Misses, die auf Oberdeck Tennis spielten. Flirt schaute zu, nahe, als bemonokeltes Grafengesicht. Die Luft wurde stikkig, die Ausdrücke beim Kartenspiel waren schnapsstinkend und roh, als er mit Tauen beladen niederkletterte, zum Bauch des Schiffs, in dem die Maschinen technische Sinfonien scharnierten.
Oben wich der Äquator. Die Sonne ward kühler, Eisberge drohten oft und zerstörten Tennispartien, auch die Flirts, nun segnete Regen. Passagiere aller Decks tranken Whisky, er schurfte sich die Hände blutig; Bohnensuppe war kaum gekocht, madig; Tee ranzig; Zwieback schmeckte nach Kalk; die Hitze unten war groß, immer, immer gleich. Außerhalb des Turbinendampfers schrien jetzt Passatwinde, der Schall der Sirenen vertrieb alle Moskitoschwärme. Chinesen grinsten ölig. Das gelbe Fieber stülpte einigen Schrecken über die weißen Nichtstuer. Nun war die Luft etwas frischer, der Hafen europäischer, gleichwohl tropisch bunt und vielbewegt: Japaner, gewandt in allen westlichen Sprachen, boten seidene Pyjamas an; gelegentliche Ohrfeigen, Fußtritte quittierten sie mit Lächeln; zur Nachtzeit aber, stießen sie malayisch sicher den Dolch beherrscht in das verhaßte Rückgrat des Fremdlings. Nun Mitternachtssonne, nun Sturm, dann russische Eier, Beefsteak, halbroh, Kolibrikehlen gedünstet, Früchte in Schampagnereis, Kuß auf sonst diskret empfindlicher Stelle der reichen Mulattin, Weltmarktsgespräch, skiz-

zierend, hernach scharf, von Astor mit anderen Trustherren, dazwischen eine Kanzone von Caruso, nun flüsternder Wink der in kabineverschwindenden Miß zu dem wartenden Kunstreiter hinüber, dessen Schenkel so straff, im Musiksalon währenddem rauscht der Beifallsgruß an Paderewski, der gerade Tschaikowski interpretiert, hier italienisch, jetzt siamesisch Geschrei: das oben, oben.
Unten: er.
Europa warf ihn ins Schiff, Amerika, Afrika, Asien, sah er nicht.
Mit aushüstelnder Lunge trat er ungeheuer demütig vor den Kapitän hin und sagte dies eine: »Gib mir Dein Schiff!«
Der Kapitän, etwas angeheitert, faßte das als Scherz und in einem Anfall, diesen zu steigern, frug er: »Wozu?«
»Damit ich ihm Ruhe gönne. Ich will es still legen, auf meinen Rücken nehmen und durch die Wellen tragen. Mich dauern die Maschinen, die armen, die ächzenden!«
»Ich will Dir Ruhe gönnen,« blökte der Schiffspascha, packte und schmiß ihn über den Reeling ins Meer.
»Mein Ball, mein Ball, Herr Kapitän, lassen Sie doch meinen Ball retten!« bat bestürmend Miß Ethel Baker aus Boston, die zu den alten Kunststätten Italiens fuhr.
»Rettungsboot, Rettungsboot! man suche den Ball der Miß,« befahl eine harte Stimme.
»Eben ist ein Hilfsarbeiter abgestürzt, jäh ins Wasser, wahrscheinlich schwindlig geworden, erst den, dann den Ball,« rief der Matrose.
»Hund, den Ball zuerst! der Kerl kann ersaufen!«
So ersoff er.
Das zwar nicht, [der Kapitän lachte toll], denn er schwamm irgendwie von innerem Feuer beseelt, kräftig, Tag und Nacht, Madonna zugleich mit Wogengepeitsch prustend betend; trieb schon ganz schwach ans Land, dankte dem Priester, der ihn segnete und hauchte: Ich bin zu Euch gekommen, gebt mir Brot!«
Man gab ihm Schreinerarbeit; Blut troff ihm blaßblau unter hornigen Nägeln, an denen er sog. Der Werktag war lang, das

Essen schütter, ölig, katholische Messe am Sonntag ein Fest, rauschend, üppig fürs Aug: Genua war schön.
Ein Hobel war seine Brust.
Da ging er zum Meister, wollte wieder sprechen, donnerte sich plötzlich die Fäuste an seine Schläfen, rannte hinaus, schrie berstend: »Ich, ich, ich . . .«
Bis sie ihm, aus Haus mit der roten Laterne eilend, kühlenden Umschlag auf seine Stirn legte, ein Wiegenlied sang und ihn einschläferte wie ein Kind: er hatte Furcht vor Vaters Peitsche; die Mutter bat nicht schlagen Vater! nein: Vater war nicht mehr, starb doch vor fünfundzwanzig Jahren, sie, Weib, jung, busenstill, sprach: »Deine Stirn will ich küssen, Deine Augen!«
Er riß die Binde ab.
»Verdeck sie! Deine Stirn ist groß, Deine Stirn ist weit, Deine Stirn ist weiß. Deine Stirn tut mir weh. Ich hab Angst vor Deiner Stirn. Versteck die furchtbare Waffe!«
Da lachte er, sprang auf: »Geist zerstört schmerzlos!« und war gesund. Tobte, lachte und lallte: »Ich durchfließe alles Leben!« Ein Schmerz stach, als er die Fliegen in Angst summen hörte, die eine schöne Laune zu Tode hetzte; er fing sie ein; Fluch sauste über das Tapetenmuster hinweg durch das Firmament zu Gott: »Der nicht ist!« gellte er irrlachend. »Ich bin böse. Köpft mir den Kopf«: Man gab ihm eine kalte Kompresse; die Stimme des Arztes war klug wie seine Brille.
»Man tötet zuviel in der Welt,« rief er, »man soll aufhören zu töten. Wohin der Mensch tritt und schaut, läßt er Tod zurück. Ja, auch die sind Mörder, die in der Konditorei Torten essen. Töten sie hiebei nicht ein Sein, wenn es auch ein Ding ist? Ich bin auch ein Mörder. Ich habe eine Porzellantasse getötet. Trittst Du auf Asphalt, zertötest Du Staub. Ich will nicht töten!«
»Du mußt!« fiel die Stimme ihn an, bestimmt wie Senkblei.
»Nein!«
»Doch. Iß keine Torten, geh nicht aufs Pflaster, wirf weg das Butterbrot, schneide keine Bewegung durch die Luft, [Du Guter, der Du Mitleid mit den Infusorien hast], atme nicht: Du tötest: auch dann: Dich selbst!«

»Wer bist Du Furchtbarer?«
»Dr. Gotamo Hirsch.«
»Ich danke Herr Doktor, ich bin gesund. Um ihr Doktorat kann ich Sie nicht bitten, denn ich würde es nicht annehmen. Ich bin mehr: ich bin Simon!«
Seine Hände hielt er breit. Der Wind kam und küßte seine Finger. Sein Aug stand der Sonne gegenüber. Die Nachen segelten ägyptisch bleich in den Sterbensgrund, schwarze Vögel pickten an kandierten Nüssen, der Palast loderte, der König böllerte Gelächter über seine eigene Viehheit, Kristus spuckte vom Kreuz auf den Kopf der weinenden Magdalena, die milde Greisin verschenkte mohnige Brezeln der Vergangenheit, der siphilitische General bittere Gasgranaten der Zukunft, durch das alles ging er weinend sehend.
Sterne fielen vom gotteslästerlichen Himmel herab; er hob sie nicht auf.
Die Finsternis wich. Er reichte dem guten, einzigen Kristen Assisi die Hand, doch das Jahrtausend war schon vorüber, ein neues Jahrtausend ohne Güte krachte heran; Stürme tosten, Meere sturzseeten. Da schluchzte er sehr. Noch mehr, als er sah, wie der Hradschin für fünf Dollar und einen Yen verschachert wurde; er floh den größten Makel Europas. Wüste kochte um ihn, Sand gab Blindheit. Eine Löwin sprang ihn an; er schrie: »Zerreiß mich!« Das Raubtier stürzte nieder, ihm zu Füssen, Güte im Blick; es leckte ihm den Körper voller Demut und ließ sich begatten von ihm, dem ersten Menschen. Als er seufzte:»Schenk mir Deine weißen Zähne,« satzte es ab.
Allein weinte er in der Wüste.
Lange. Bis viele Tiere kamen und ihn trösteten. Da schlief er ein: Erwacht war er gefesselt; Beduinen säbelten weiße Turbane in seinen Blickkreis, zeigten krumme Messer, in denen rotsterbende Sonne kurz funkelnd aufzuckte. Er sprach, viele Stricke schnitten sein Fleisch, Worte, die sie nicht verstanden. Doch das Mädchen trat aus dem tanzenden Kreis, zerfetzte die Fesseln und legte fast eine demütige Geste vor ihn hin: Er war frei.

Der Scheich trat heran, gab ihm einen Kuß auf die Nase, trieb die Hände hoch, schwingend, und zerstäubte gutturale Töne in den Wüstenwind hinein, der Nacht brachte. Dann war Schaukeln um ihn, seine tastende Hand griff den rauhen Teppich der Kamelshaut ab.

Räubergeschichten aus der Jugendzeit fielen wie Kinobilder jäh, bunt, auf seine müdtrunkenen Augen, leise verklangen Suren an Allah im Sandtritt der Kamele: Der Morgen grüßte als Algier.

Er trat zum ersten Weißen, dem er begegnete, einem Franzosen [wäre er in Deutschostafrika so würde es ein Deutscher gewesen sein], und rief einen Fluch dem Uniformierten über seinen Körper herab: »Warum habt Ihr Zivilisation in die schlichte Schönheit der Welt gebracht?«

Zehn Kolonialsoldaten drohten, denn der Franzose war ein General, der befahl: »Man führe den Provokatör ab, gebe ihm die Bastonade!«

Doch der eingeborene Profoß war ein Bruder des Scheichs; er erließ dem Verhafteten, als der ihm eine grüne Pfauenfeder als Erkennungszeichen vom Bruder gezeigt hatte, die Exekution; auf spanischem Schiff tat er wieder seine bekannte Arbeit.

Schluckte Ruß, aß, was andre nicht mehr genießen wollten, schlief schlecht, umkränzte in freien Stunden seinen Mund mit alten Gebeten. Den Wind liebte er sehr, vorm Sturm kauerte er nieder und schlug sich seelesuchend an die Brust: Das alles von der runden Öffnung des Gucklochs aus, das ihm das einzige Bild der Welt war.

Böhmische Zigeuner und Musikanten erweckten in ihm einmal, als das Schiff ankerte, die Sehnsucht nach der großen, weiten Unendlichkeit. Kleine Gelächter hatten sie bei ihren Erzählungen, die durchtobt waren von nacktem Leben. Sie schnitten ihm das Herz auf mit ihren Liedern, entlockten ihm Zähren und stießen sie zurück, als ihre Saiten tönten. Da sprang er auf, bat einen um eine Fiedel; er spielte, lange. Da lachten sie. Er aber weinte, ging hinunter, tief und legte sich anseit der Maschine zum Schlaf.

Der Hafen pries die Sicherheit des Festlandes an, so entfloh er, knapp hinter den Zigeunern dem großen Schwimmhaus, das so stark die guten Maschinen hetzte. Bei der ersten Schänke hinter der Stadt nahmen sie ihn auf.
Er war unter ihnen, *Weltzigeuner* unter Erdzigeunern.
Er trug vor sich sein Herz, auf offener Hand, im Auge, am Munde. Er erntete Murren, bestenfalls Hohn statt Beifalls. Immer dasselbe, in Spanien, in Frankreich, in Deutschland, in Böhmen, weil er sich blutt zeigte, nicht körperlich, sondern in der schmerzlichen Idee: Mensch.
Das vertrug man nicht.
Da entlief er den Heimatlosen, weil er selbst Heimat suchte, ward Volksredner, grüßte den Slowaken, der an einer Ecke Prags stand und Pfeifen verkaufte, slawisch geschnitzte Flöten: Hatte er das nicht vor Jahren gesehen? er schrie lauter, Bewußtsein ward Gott; die Erkenntnis: Alles ist ein Kreis; der Kreis grinste wieder, der Kreis hatte sich geschlossen.
Die Theinkirche war, wenn schon nicht ewig, doch alt; ihr Pförtner zu sein eine Lebensstellung: Er.
So sah er die Braut, den Greis, den verlorenen Schuh, die tropfenden Wachskerzen beim Opferstock: Sich selbst suchte er, und fand sich nicht. Knarrte zur Nachtzeit das Schloß vom Portal, dachte er an Notre Dame, den großen Bären, den Sirius und an Maggis Suppenwürfel, da Hunger ihm durch seine Kehle kroch. Am 24. Dezember sollte er die Mette läuten; Mitternacht sang von allen Kirchen, nur die Thein blieb still. Da stürmte der Priester im brokatenen Meßgewand, diese Frage hinein: »Warum läutest Du nicht zur Mettenmesse?«
Gell lachte er dem Gesalbten Krankheit ins Gesicht: »Weil der Glockenturm eingefallen ist!«
Zitternd ächzte der Priester »Nein« durch den Raum. »Komm heraus, Du irrst, der Turm steht!«
Er folgte seinem Herrn. Die Nacht war klar, ohne Schnee. Der Platz vor der Kirche mondete still und groß. Die Hand des Priesters wies auf den Turm, der hoch in die Nacht ragte.
Da sprang seine Stimme wie brisantes Metall: »Fall ein, entlaß

die guten Glocken aus Deinem Gefängnis, fall ein!«
Da krachte es; Wind schrie, Nacht war pechen. Der Turm fiel ein, begrub sich, Theinkirche, Vergangenheit und Priester unter Geröll.
Er stand schon weit, lachte nicht, schwieg ein Gebet und betrat das rote Zimmer von »Astoria«. Er begrüßte die Huren, Zuhälter und Zündholzschachteln mit den Worten: »Ich habe eine Porzellantasse und die Theinkirche getötet!«
Im Kreise applaudierte man: »Singen Sie doch das Kuplääh zu Ende!«
Da stellte er sich aufs Brettl, lächelte und sprach: »Ich bin der große Mörder!«
»Der Kerl will mir wohl Konkurrenz machen?« wieherte der tapfere General mit den vielen Orden.
Er sprach.
Man verstand ihn nicht.
Man lachte.
Man brüllte.
Da ging er vom Podium. Er stürzte sich auf den Eiskübel, umarmte zuerst diesen schluchzend, dann zum Piano eilend, umarmte er auch dieses und weinte: »Ich will Dich hinaustragen damit Du ruhen kannst!«
Da witterte der Stumpeljakob, der Narr aus der Fischgasse, der immer Zigarettenstumpel aufhob und küßte, ernstlich Konkurrenz, ward ganz nüchtern vor Neid und Angst, seine anerkannte Narrenstellung hier zu verlieren; er, eilte an, miaute, gab ihm einen starken Tritt, faßte, schleifte ihn hinaus, schimpfte als Narr über einen, der *auch* Narr oder Gott: »Gehab Dich wohl Du Narr!«
Lachende schampagnerkoitierende Gäste hörten noch dumpf den Schädel im Stiegenhaus aufschlagen. Wieder Klavier, Tomaten zwischen Frauenschenkel, wieder Klavier.
Raketen fielen. Ferner Gott schlief auf anderem, günstigerem Planeten, von einer jüngeren Sonne erwärmt.
Das Auto sauste heran. Der Diener sprang heraus und schleifte ihn zu ihr, die drinnen saß, ganz nervös auf einen Mann: Er schlug die Augen auf. Sie koste ihn. Mit der Hand, auf der Diamanten ruhten.

Der fürstliche Kraftwagen flog, Bogenlampen hellten, Nachtkonstabler schliefen stehend, das Portal platzte: Ein Lichtsee blendete. Er folgte ihr nach und hatte die Hände vor seine Brauen geschattet. Das Personal neigte sich zum Teppich hernieder, sah lakaienbewußt nicht auf; alle Schritte versanken lauschend, kühl, im Täbris: Das Luftgemach flammte auf wie eine Bühnenszene: Lächelnd wies sie in den Raum: Sie waren beide allein.
Ein Laut war spitz, ihre Robe fiel; nackt sprang sie ihn an, riß ihm die demütigen Kleider vom Leib und küßte seine starke Mannheit. Sie peitschte ihn auf, verwirbelte seine Sinne, benetzte ihn mit Brunst, trieb ihn zum Bett: Nacht, Tag, Nacht: Brand.
Entkräftet war er schon, wo ihr der Körper schier noch barst vor Geilheit, wo ihr die Zitzen noch riefen: »Mehr!« wo aus ihrer Ampel Feuer wild noch zuckte. Er aber legte seine weißen kalten Hände, die noch immer keusch waren, auf ihren verhurten Leib und bat: »Fürstin, ich will für Dich leiden, gib Dich mir!«
Da war sie vor Lust überquellend: »Da!«
Ein Nerv biß: Er wußte, daß sie ihn nicht verstanden hatte. Entsetzen knirschte, er sprang durchs Fenster, Moos schmerzte weich; auf; er rannte, nackt rannte er. Himmel, Nacht, Mauerschemen waren sausend, ein Karussel! Er rannte: Tage hindurch, bis um ihn eine Haide unermeßlich war, eine grüne Wüste: Frei.
Ein Bach bog eine Silberschnur im saftigen Gras. Er sank ans Ufer hin und gab Worte schlicht von sich: »Ich will Dir helfen.« Er stieg ein ins nasse kieselkantige Bett, er duckte sich, Wasser ließ er über sich rauschen und türmte den simonischen Satz zu den Wolken: »Ich will Deine Last auf mich nehmen!«
So ließ er stundenlang das eisige Wasser über seinen Rücken treiben, bis er davon blutwund ward, daß er schwach, unter Selbstanklage, große Werke nicht vollenden zu können, ans Land kroch und anseit des Baches sich legte. Sein Herz kochte, so wurde er *eins* mit der Schöpfung. Seine Augen sprangen zum Horizont: Da ging ihm die Brust auf: Die Haide lag bloß und weit; die Erde schoß in den Himmel, schoß und war groß.
Der Himmel floß ins Hirn.
So erlebte er, ahnend, bewußt, knapp vor dem Nichts, alles Leben

nochmals; aufzuckte in Helle der Blitz: *Zelle* zu sein, nicht Tier, nicht Ding, nur ewig *leidende* Zelle, die nur eine einzige Erlösung kennt: Vernichtung, letzte Wonne des Seins.

Menschliche Demut wich restlos von ihm, als er in das große Geheimnis verströmte: Er wußte daß mit seiner Selbsterlösung, der Geburt in Nichts, dann die Nacht über alle diese hereinorkane, die er erlösen wollte.

Da bäumte er sich empor: gotisch steil: ferner Horizont war Abgrund: Meer.

Zurückfallend auf den Boden weinte er, wissend das Kommende und schrie dann: »Kosmos, Du mein Vater, Erde, Du meine Mutter, Licht, Du meine Schwester, Sturmwind oder Luftstill, Du mein Bruder, Meer, Du meine Wiege!« letztes Wort, wie schmerzlich beglückendes Gesicht ersehend, zerstob schrill; wie etwas umarmend schlief er ein.

Luft ward süßer.

Nacht kam: austräumte er den letzten Traum des Menschen.

Morgens hämmerte fernes Meer laut: Wiege wartete, ihn zum ewigen Schlaf zu betten.

Er stand da, die Hände ringend: Meer.

Meer!

Da scholl Sonne am Horizont auf, blutgroß, furchtbar weit, beinah Schrecken, dennoch so mütterlich nah, und schoß Licht über die Ebene.

Ganze Welt hier, trotzdem tropisch still im unendlichen Schweigen, schien auf einmal die zitternde Luft mit Brüllen zu durchstürzen, zu bersten:

Und er rannte vor.

Sekunde durch Hirn
Ein unheimlich schnell rotierender Roman

»... Kunst ist, wenn schon nicht ein Vorurteil, so doch immer eine Privatansicht, stolzierte mir dieser bedenkliche Gedanke bedeutend durch das wirre Straßennetz meines wassersüchtigen Hirns, ehe ich in und durch Sumpf sank und mich übel vergurgelte ... «

»Versteck, du Narr,
Dein blutend Herz in Eis und Hohn ...«

Nietzsche

PRO UND EPILOG

Ein unheimlich schnell rotierender Roman, steht unter dem Titel. So mag es, obwohl nichts besonders unterstreichend, bei Tag unter gewissen Blickpunkten erscheinen.
Gut denn: Roman. Doch unter den betäubenden Strahlen einer Mitternachtssonne gelesen, scheint es erst zeitlich, dann über-, zuletzt unzeithaft, schnittig, Stahl: Epos.
Und endlich unter dem embryonalen, ja komischen Gelicht des ausgedörrten, beinah gekreuzigten Monds kriecht es vielleicht höchst lächerlich als abgekicherter Schwank hervor.
Gescheit und blöde, erlogen und wahr, schief wie ein lauter lungenblutender Traum, erhaben toll und toll erhaben, ganz närrisch: Fastnachtsspiel. Bei der schreienden Fackel der Selbstverbrennung jedoch, beweihraucht, martervoll ein Tedeum, geschrillt in den katholisch ehrfürchtigen Ausklang eines Gassenhauers: Aschermittwoch.
Aber Aschermittwoch mit Sonnenblumen.
Ich opfere dieses astronomische Punktierbuch, auch Bibel, geschrieben in Prag zu einer Zeit, die molluskenhaft, ich mathematisch wirklich nicht bestimmen kann, es sei denn mittels ultravioletter Geometrie, jenen, von denen Karl Einstein in Bebuquin sagt: »Zu wenig Leute haben den Mut vollkommenen Blödsinn zu sagen. Häufig wiederholter Blödsinn wird integrierendes Moment unseres Denkens«, darum sage ich einmal wieder einen andren, durchaus neuartigen Blödsinn.
In fünfzig Jahren oder in fünfzig Minuten ist dieser mein guter Blödsinn bestimmt apodiktische Weisheit.

DER ROMAN

Jörg Schuh stand breit am Baugerüst, lachte zugleich mit dem kreischen Ton des Stichels, kaute sein Brot und wußte, daß er Stukkatör. Scharf war Wind in dieser Vogelperspektive. Mit einem Aug am Gesims ornamentierend, mit andrem aufs Pflaster vierzig Stock tief hinabblinzelnd auf sonnbeklexten Asfalt, der grell herauf schrie. Trotzdem straßerasendes Gemensch sehr winzig unten wimmelte, sah er dennoch den großen Busen der Magd Hanne aus dem Wolkenkratzer gegenüber Nr. 69.
Der Busen, der Bubusen ist prächtig plastisch, als hätte ihn ein Stukkatör geformt! entriß sich ekstatischer Satz aus Jörgs bewundernder Kehle mit oberhalb geilen Glotzaugen, die überkegelten, Planke schaukelte, Kopf, Füße wankten quer durcheinander, *Wind pfiff*...

(kroloscho su krolo su su suuuuu huih – – – iiihh! die Ewigkeit! in die Ewigkeit! Fahr mr Euer Gnadn? grüßte spiegliger Zylinder gelbblauen Mannes einladend, billig, der Kilometer drei Halsbrüche und neun Tode. Ich bin Ekstatiker aufm Kubus, im letzten Leben war ich Mathematikprofessor und da auf der großen Milchstraßn bin ich jetzt Droschkenkutscher. Also fahr mr Euer Gnadn? – Nein ich danke, ich nehme prinzipiell nur Taxameter! – Aber ich hab Gummireifen an den Radln, oh Marke »Gigant«. – Gehns in ein Bordell! – Bittäähh!

Guten Abend Jörg, lachte es an sein eines Ohr, als er apollenähnlich, kraftschenklig durch raketenhaft erleuchteten Spiegelraum mit seitlichen Flüster- und Zeugungsecken schritt, nun das gertenschlanke Mädchen eng an den Neger gedrückt sah. Komm Jörg, schau zu, wie Du gemacht wirst, roch es betrunken, wie nun Schwarz und Weiß in kleines diwangeschmücktes Gemach torkelten, und das Weib sich seufzend an den muskelharten Lenden des Mohrenathleten rieb, so ein Mysterium abkeuchte. Auch die Porzellanteller, die Zinnkrüge waren sehr schön.

Siehst Du, Jörg, das ist es. Schwarz traf ins Weiß. Darum ist auch Dein andres Ohr schwarz. Das weiße ist dumm wie der Acker Europa, hört nichts. Das schwarze hingegen hört alles: Vergangnes und Zukünftiges, bis sich der Kreis schließt. Es hört so genau, daß es weiß. Und vernimms: es gibt keine Gerade, was grad deucht, ist Stück vom Kreis. Darum ewiges Symbol die Schlange, deren Kopf den Schwanz beißt, so sich frißt. Aber laß die Filosofie, Jörg, die ist nur ein Käsezuber. Im besten Fall. Denn sonst fehlt auch der Käse.

Als sie akterschöpft halb schläfrig lag, hüpfte der Nigger hinaus, tanzte im elektrischen Lichtgewog vor bezechten Ministern, griechischen und tschechischen Dirnen wilden Tanz, daß alle im Halbkreis ineinanderverbogen den Urwald brüllen hörten. Staunen goß über Fallobus herab: der Neger, der hier nackt trampelte, daß ihm Schweiß bächefloß. Das war Parföm für die schnuppernden Nasen der geilen Huren. Und sie griffen sich selbst. Denn die Minister hatten ihre Klemmer verloren. Fallobus wuchtete Beine durch Luft, trat klitschend aufs Parkett, ließ Muskel, Geschlecht zucken, war und verhieß: Stärke, Zeugung, Koloß, Kraft zur höchsten Potenz. Und wieder brüllte Urwald.

Drinnen lag die Begattete und schlief fast glücklich.

Urwaldtanz und Urwaldsang umwob die ersten werdenden Zellen Jörgs. Auch blökte der Kriegsminister wie ein Schaf. Ein Schampanjerglas klirrte und löste seine Scherben in Wohlgefallen über einen fraulichen Unterleib aus, der entblößt herr-

lich gurrte. Damit nur nichts passiert, schrie der Kriegsminister. Dann lassen sie halt ihre Kanone los.
Auf einen Flaschenrund leuchteten imaginäre Haare zwischen Fleisch herab. Warum grüßen denn nur die Pferde so devot? Und man hörte einen Bach rieseln.
Der Nigger grinste bleckend Zähne.

Nun schaute Jörg zu, wie er in Finsternis Zelle an Zelle setzte: So ward. Überbald im siebenten Monat zerbrach sie das gläserne Gefäß und die Bäurin stieß Frau mit Keim hinaus. Nun kam durch die Nacht der rotschlitzige Sklavenaufseher und striemte mutterndes Weib, bis sich ihr Blut mit dem Salz ihrer Tränen vermischte. So ward endlich der Maure gerührt und barg über die Blasse den Mantel. Immerhin freute der Heide sich bald über die dreizehn Füchse, die sich gülden in seiner Hand drehten, als der Portugiese doldige Frau wegschleppte.

Dann saß er dabei und hauchte der Mutter wärmend auf die Scham, als er auf einer andalusischen Barke im Hafen Lissabons zur Welt sich schrie. Drei Matrosen, wütend, weil aus heissem Kartenspiel gerissen, stießen herbei, sahen kreischendes Weib, das sich in Blut suhlte. Man griff Jörg, dann die Mutter, die schon Augen geschlossen, steif gekrampft so erkaltete. Schnell warf einer die Tote über die Reeling. Der große Steuermann setzte Jörg die Bulle an, ersoff ihm erstes Geschrei im Branntwein. Die zwei Andern lachten endlos über die Scheckigkeit der Ohren des Neugebornen: das eine weiß, das andre schwarz.

Dann tobte Straße um ihn. Spielzeug war Kot. Labung Prügel. Steuermanns Haus schnapste Budike. Pflegvater selbst war auf See. Seine ihm unangetraute Frau Hafenhure. Auch Zwischenhändlerin für feine Leute mit seltenen Genüssen. Alles ist bei Coma zu haben, war Parole und Schild. Doch am meisten pflog Coma am eignen Körper edles Handwerk. Litt gern orkane Passion. Sie, gar massiv schnellte sich besonders an massive Männer. Oft sah Jörg zwischen zerschlagnen Fenstern wundersame Vorgänge, die Wärme überprickelten. Einmal frug wissenwollender Knabe qualles Weib: warum liegen immer die fremden Männer in Deiner Stube? und fühlte schon den Schlag, der sein Gesicht benetzte. Da frug er nicht mehr. Spielte weiter mit Kot und den andren stinkenden Kindern der Gosse, sah einmal, und sah einmal betroffen auf, als elegantes Gig von vornehmer sehr schlanker Dame gezügelt, knapp vor mittagsöder Budike hielt, energisch den Rappen bremste, vom Sitz mit leichter Lassobewegung sprang, dabei ein kleines Weiß unter flutendem Rock sehen ließ, doch nur für den Schwung eines Moments, schon stand, beschattet durch livreeierten Diener vor dreckbeschmiertem Jörg, dem mauloffnem Jungen mit Gerte gering über Backe fuhr und tönte: Ich brauche einen jungen Athleten. Die Coma handelt doch damit. Führ mich zu ihr! Jörg faßte durchaus nicht, schrie aber kreischend: die Königin! die Königin! rannte damit weg. Ziehmutter Coma indes trat vor die Tür, glänzte in Verneigerei, offerierte drinnen ihre Ware: starke Burschen, die sie teils selbst schon erprobt. Drei Goldstücke erlechzte Coma für angepriesnen Mann, auf den die Wahl der Dame fiel. Für ein halbes gab sie noch ihren Jörg darauf. Dann scholl Stimme durch das Gerümpel, scharf: Jörg! – Halb scheu, halb dummfrech angeschlichen ward Jörg geheißen, der Dame zu folgen. Der starke Mann kommt abends um acht, betonte Coma. Mit der Königin soll ich gehen? stürmte Jörg. Schaf! es ist Rahel, die Tochter des erzreichen Börsianers. Sie bezahlt mir gut für Männer, die etwas treffen, setzte sie noch klein für sich hinzu.

Nun war Zeit umrahmt von Mayonnäs, kandierten Früchten gebackenen Hühnern. Körper entlaust schwoll in guter Wäsche. Spiegel warf Bild eines vornehmen Knaben. Jörg hielt Rahels Haus für Traumland künftigen Paradieses. Wenn nicht gerade schon jetzt Paradies, so doch immerhin Paradiesbett. Wonne wars ihm, täglich gegen Abend zusammen mit Rahel zu baden. Sie spielte mit ihm, doch wußte er noch nicht, was es bedeute. Nur leicht dämmerte ihm erste Geografie: Halbkugel, Gebirg, Bucht, Schlucht, Waldung, See und wieder Bucht mit äquatorialer Wärme. Bei Nacht lag er Wache vor Tür ihres Gemachs, wenn ein Mann über die Schwelle in Schwüle getreten. Rahel liebte Abwechslung. Aber viele rochen nach Fusel. Alle aber waren Hünen. Erste Zeit blieb Jörg in Entwicklung zurück, deshalb wollte ihn Rahel zum Eunuchen bestimmen. Dann aber schoß er hoch. Bekam Muskelansätze. Brannte schon immer mit ihr zu baden. Schon des Morgens genoß er davon im Geiste. Es überkroch ihn etwas wie Wohlgefühl. Rahel leitete langsam über. Und da entsann er sich dunkel, in der Budike Ähnliches belauscht zu haben. Und er lernte gut: war Stier an Wucht, doch geschmeidig, ausdauernd. Da trat Rahel badentstiegen nackt zu Nacktheit sprechend, nochmals den Jüngling Jörg kritisch überprüfend arabeskenhaften Ausspruch: es wäre mir leid, soviel Talent und Kraft zu beschneiden. Nein, Du paßt nicht zum Eunuchen, Du bist Künstler Deines leibbeseligenden, ach, ganz wunderbaren Instruments, das Du wie einen Meißel gebrauchst, sicher, straff, bestimmt. Wenn Du schon kein Bildhauer wirst, so gewiß ein Frauentröster. Du bist Goliath, mein Goliath!
Da trat Jörg ungemein fest auf, daß der Lüster erschrocken von Decke niederbrach. Man hörte aber keinen Zerlärm, denn er, Jörg, schrie wie Urwald.

Auf einer Lustfahrt schwand Lissabon, portugiesische Küste im Hintergrund, böende Winde trieben über Deck, dann waren Elemente heimtückisch ruhig, bis es blies und nächtens die edle Privatbarkasse in Gottergebenheit kenterte, Rahel mit Anhang vergluckste im Gewog, Jörg allein schlug mit Kraft das Wasser, wild, nun beharrlich lange, einen Tag hindurch, den zweiten und spuckte sich abends an Land mit Hafenlärm: Genua.
Fremd umklang ihn Sprache, sein portugiesisch Geschrei blieb unverstanden. Doch Athletengestalt gefiel: ein Mann kurzstirnig, berußt, dang ihn als Baggerer. Mit Genossen im Schlamm von Hafenrinnen stehend, schleimte er genuesische Laute nach, bald. Rammte die Pflöcke, platzte so im Gestemm schier vor Kraft, Entzücken und Wasserzusammenlauf auf zuschauende Schiffsdirnen, auch Kapitänsfrauen abwälzend. Bekanntes profezeihtes Glück längst seliger Rahel stülpte sich um seine Lenden. Die Herzogin Giova sah Jörg von weitem, brach in Sehnsucht aus, ging pralle Mannesmuskelkraft, Geschlecht sich stets erotisch vermengt vor Augen verlangend heim, schickte noch nachts ergebne Sbirren zum Hafenarm, wo sie vormittags den Starken geschaut, ließ Jörg aufgreifen. Noch vor der Gleiche lag er gefesselt zu ihren Füßen im sinnlichen, seltner Gerüche durchdufteten Gemach und beugte Haupt in Erwartung des Todes. Sie faßte jedoch geübt, vor Gier kaum lächeln könnend, riß ihm die Kittel vom Leib. Ward verrückt vom Geruch seines Schweißes, verschnob sich schier, lechzte, trank, biß. In kleinem Zimmer hielt sie ihn tagsüber versteckt. Einmal schmeckten ihm ihr Leib, ihre Lüste nicht mehr, sprang auf, schlug klirrend durchs Fenster, fiel weh aufs Kreuz, schon auf, über Parkmauer im Schwung, landeinwärts lief. Früchte von Bäumen gerissen, ihm Nahrung. Durch Staub, der weißlich durch alle Winde goß, an Klostereien vorbei, Sbirren ausweichend, die scharlachrot bemützt auf Heeresstraßen nach ihm suchten, endlich bei Sonnensunk er laute breitdurchstraßte Stadt betrat. Einer Höklerin warf er ins einfältige Gesicht Frage nach Namen dieses Orts: Milano. – Ge-

brechlicher Mann frug plötzlich, kaum neben ihm, mit hartem Italisch. Jörg schlug ein, ging mit Messer Sebaldo, ranzte sich hin, schlief morgenzu, erwacht stand als Holzschnitzer auf. Staunte noch über plötzliches Spaltel in der Hand, das ungefüg Ritzen ins Holz querte. Schaute auf, traf Sebaldos Blick, erinnerte sich, daß er gestern auf Straße wegmüde von jenem Gütigen aufgegriffen, versprochen hatte, Gottesschnitzerei zu lernen. Der Messer war, so kramte er aus Rederei zusammen, nicht Mailänder sondern war aus Deutschland ins Welsche zugewandert. Jörg lernte schnell, zeigte Geschick, ja sogar Gefühl, fing auch etliche deutsche Brocken auf, sang, war zufrieden. Zumal ihm noch junges Weib des Messers Feierabend mit Busen und andrem vergnügte. Nach Jahresablauf sauste unerhoffte Freude über schwächlichen Messer Sebaldo hinweg: seine Frau warf einen kräftigen Knaben ans Licht. Da dem Gesell mütterliches Weib nicht behagte, auch er nicht Ähnlichkeitstheorien in bezug auf Neugebornen für später abwarten wollte, nahm er Abschied, ging seines Wegs, ein Stück Hammelkeule als letzten, gar nicht so sentimentalen Liebesgruß im Felleisen.
Alpenzu er schritt.

Am St. Gotthard warf er seine beschmutzten Füße in das Kloster, sagte, er sei vom Himmel gefallen, früher Abt in Rom gewesen, jetzt hierher gekommen, um klösterliche Küche zu inspizieren. Die Brüder schlugen die Mönchskutten über ihre Scham und freuten sich sehr. Haha, dada, allelujah. Zu beten vergaß man. In großer Küche rastete Jörg. O das schön geputzte Messinggeschirr, die prachtvollen »Weck«-gläser! Nahm Kienholz von der Butte beim Herd, griff Rundmesser, schnitzte schnell, sehr schnell ein Kruzifix. Da fielen die Mönche nieder, kredenzten Wein, gelobten ob des Wunders sich nunmehr zu kasteien, mit Kastanien, aus ihren Bäuchen, Faßbäuchen leere Schläuche zu machen. Denn ein Abt ist vom Himmel gefallen. Mit einem Topf, gefüllt von Quark. Jörg aß, aß, aß. Blieb. Aß. Doch da ihm die Küchenmägde durch die Dauer der Klosterjahre, noch mehr aber durch die guten Brüder schon zu arg verbraucht, die einzige Junge, kürzlich erst aufgenommen, er in einer Nacht gesprengt, daß sie sich in Blut vergaß, machte er sich auf, hielt sich zwanzig Hühner und fünfzig Falernerflaschen in seinen Ranzen, nahm einen bedeutenden Kranz von zweihundert Pasteten um den Hals, ging aus dem Kloster, von den Mönchen Hosianna über Kopf und Rücken nachberufen und von den Mägden schmerzlich bedauert, besser gesagt betrauert.

Auf der Landstraße östreichzu, hing sich ihm ein Mann mit Boxkalfschuhen und Zylinder an: Kommis aus Wien. Der Jüngling sprach ein wenig Italisch, auch hatte er d'Annunzio gelesen. Jörg griff dagegen Bissen von Deutsch auf und schonglierte bald damit, daß der Kommis gut erstaunte. Auf dem Weg tummelten sie Kurzweil. So steckten sie einer Bauerndirne, die beladen mit Eierkorb ging, einen ranzigen Fisch unter die jedenfalls keuschen steifgebügelten Röcke, daß der Korb kippte, sie bedrääängt nach dem Herrn Pfarrer schrie, Eier in kläglichen Gemeng von Gelb zerbrachen. Noch ganz Gebliebne haschten sie sich zu, gingen gesittet weiter, filosofisch Lied frisch und freudig singend: Beim Schwanewirt ist Musik, beim Schwanewirt ist Tanz! Kutschen mit feinen Leuten als Insassen grüßten sie frech. Hirsche sprangen durch die hochrote Au; ein mit Zyankali angepfropfter Frosch zwinkerte unmerklich, aber aristokratisch. Als sie einmal jemand befrug, wer sie denn seien, sagten sie imponierend stolz: wir sind zwei Professoren und suchen den Punkt. Jawohl den Punkt! – Dann, es war schon im Steiermärkischen, klopften sie Steine auf einen Wagen, der mit Porzellan fuhr. Und alle Töpfe zerbrachen laut schreiend. Es waren nächtliche Gefäße, bestimmt für den Freiherrn von Pospischil, der an allem Möglichen litt, monatlich mindestens dreihundert solch nützlichen Geschirrs zerbrach. Das Geld hiezu wurde bei den p.t. Untertanen von einer k.k. Steuerbehörde noch zum Überprozent hereingebracht. Dafür zogen alle Leute demütig, auch freudig ergriffen den Hut, wenn sie den guten Freiherrn sahen. Manche Mädchen sangen dazu: Lang leb unser gnädger Franz!
Jörg und dem Kommis war's behaglich. Da bügelte sich schon der Stefansdom in die Luft. Mit einem: wir san woas! betraten sie walzerumtakte Stadt. Bei der Theres herbergten sie. Knapp, ehe sie ihr Haus beschlüpften, fiel Jörg vor einem Mann in kostbar verschnörkelter Kleidung und schwarzem Tschako in die Knie. – Was machst denn Jörg? – Ich dacht, das war der Herr Kaiser! – Kalb! das war doch ner ä Briefträger! – Angegessen schliefen sie. Früh war der Kommis weg. Auch Jörgs Felleisen

und wenge Sechserln. Dafür lag ein Zettel da, worauf stand: Behüt Dich der Himmel. Ich fahre nach Ägypten, um mir den Clemenceau zu besternen, zu bestaunen, wie er sich vor mir erbrechen soll. Oha! – Jörg wollte sich schöne inhaltsreiche Epistel auf Portugiesisch übersetzen, traf es nicht, hätte aber trotzdem gern einen Regenschirm gehabt. Zum Aufspannen bloß. Doch die Wirtin, die noch schwer an ihrem Busen trug, erließ ihm für eine gute Arbeit lachend die Zeche, sagte sichtlich bewegt: Komm bald wieder! – Da kannst Du lange warten, Du Bottich, grunzte Jörg halb portugiesisch, halb italisch bei sich, laut aber sagte er deutsch: Grüß Gott!

Als er Hämmern hörte, trat er bei dem Steinmetz ein, bat um Arbeit, bekam zugesagt. Abends schaute er am Güterbahnhof zu, den Zügen, es rollte an, vorüber, wieder, im Taumel der Sekunde tat er Sprung, fiel auf Säcke, fuhr, duckte sich zurück in Wagen an Stationen. Nach dreißig Stunden stockte Zug. Jörg turnte ab, spürte Nacht, rannte gen fernes Licht. War an sächsischer Grenze. Sah im Trübschein des Zollwächterhauses einen Karren mit Milch. Packte eine Kanne, soff sie aus, schlief, morgens schritt er erzgebirglichen Hang hinab ins Tal.

Da er nichts Beßres wußte, ging er von kleiner Stadt umdrängt zum Gymnasium, schrieb sich dort zum Erstaunen der Professoren und Schüler in die genaue Liste ein, lächelte dann sanft, und bat um Empfehlung für ein moralisch gediegnes Kosthaus. Er war genug schlechter Schüler, aber Erfüllung aller Frauen der Stadt. Kannte die abgelegensten Winkel. Das hielt man für sehr scharmant. Da er zum Schluß fand, daß er überall vor und nach getaner, überaus präziser Arbeit gut aß, ließ er endlich sein Schülertum, sagte sich: Du bist schon über zwanzig! zog den Hut, ging auf seinen Mathematikprofessor, der durch feiertägliche Straße lustwandelte, zu und erkühnte sich barsch diese Frage: Was ist ein Punkt? – Betroffner älterer Mann leierte nervenschwach, ganz blaß den pythagoräischen Lehrsatz ab, meinte aber die Schlacht bei Austerlitz, dabei voll Inbrunst an das Kaiserbild im sonntäglichen verlassnen Klassenzimmer denkend. Jörg drauf fest und klar: Ich bin aus Religion durchgefallen, Sie aber sind ein Trottel, fragens Ihre Frau! ging sieggewiß ab und bekam von wartend lauschenden Jungfraun, auch Ehegattinnen sämtlicher Mittelschullehrer der Stadt Zigaretten, ja sogar diverse Spezialitäten geschenkt. Er konnte sich jetzt schon elegant verbeugen.

Nachdem er in einem Krawattengeschäft Freund des dortigen Ladenjünglings Naz Propper gewesen, war unterdes schon der Winter hereingebrochen und böte stark durch die Thermenstadt, in der früher Göthe vorübergehend gewohnt, die Johannes dem Täufer gewidmet war, beßres Wahrzeichen der Stadt aber wäre wohl statt eines Denkmals auf den Syrakuspilger Seume eine Statue des herrlichen Jünglings Naz Propper gewesen. Jörg wußte aber diese Freundschaft wirklich nicht gebührend zu schätzen, sondern trieb mit der ganzen Weiberkolonne zum Erzgebirge. Dort rodelte er. Auch lief Schi. Blieb draußen, feierte mit ehrbaren Fraun und Mädchen Sylvester bei einer Henny-Porten-Leinwand. Die Betten waren sehr elastisch. Machte um die Zwölferstunde komische Gebärden und schrie: Ich bitte nicht drängen meine Damen!

Zur Sommerszeit war Jörg Matador der Sportplätze und schoß wahre Parafrasen im Fußball, daß alle entzückt schrien: Oooo! Jörg! riefs übers Feld, Jörg! hallte es wider. Nach Spiel vom Publikum begafft, umjubelt, von Fraun herausgetragen und schenkelbeklopft, das war sein Leben. Da entschloß sich Jörg, einem allgemein dringendem Wunsche entgegenkommend, liebenswürdig, seine Biografie vom Stapel zu lassen und kündigte daher einen Vortrag an, betitelt:
MEIN WERDEGANG
Ein Evangelium der Kraft
Ah! seufzten alle Turnlehrer der Stadt und strichen sich ihre besemmelten Bärte, das riecht nach etwas. Gegen das verzückte Wonnegeschrei der Damenwelt war das aber noch gar nichts. Abends war der Saal ausverkauft. Jörg trat heiter lächelnd zum Podium, nachdem Glocke schon elfmal zur Ruhe getönt. Doch ehe er beginnen konnte, stand vorn, natürlich in der ersten Sesselreihe Fräulein DDr. Bathseba Schur empor, die, da sie auf Medizindoktorat auch noch das der Filosofie zugetürmt hatte, so 24 Jahre alt, für den Horizont des Spießbürgers im allgemeinen und für die kleine Stadt mit Naz Propper im besondren immerhin ein Fänomen war, zur schärfsten Betonung ihres Ausnahmemenschenweibtums Haare kurz geschnitten, angenehm illustriert mit behorntem Klemmer auf süßlicher Nase, nebenberuflich Heraldikerin, stand also energisch auf und fragte:
Ehe wir Ihre Biografie vernehmen, haben wir ein Recht zu wissen, wie Sie heißen?
Jörg sagte mit einer ungeheuer jovialen Verbeugung:
Ich heiße § §.
Wie bitte? Paragraf Paragraf!
Ah! da sind Sie wohl der Embryo Ihres Jahrtausends?
Nein, nur der Zeitgenoß meines und *Ihres* Jahrhunderts!
Man lachte ob der Antwort und verzieh ihm alles. Auch wurden die Lichter ausgedreht, schon damit das sehr gescheite Fräulein DDr. medizinische Studien befäßlich betreiben konnte. Hurra!

Die Folge jenes Abends war, daß sich Jörg mit dem vielgescheiten Fräulein DDr. Bathseba Schur verlobte, einen Tag drauf schon den veilchenblauen Bund der Ehe schloß. Schwierigkeiten sind unter feinen Leuten nicht am Platze. Da Bathseba in der Hochzeitsnacht, zu der ihre beglückliche Mutter besonders massives Kolossalbett beigestellt, ihren neuen, ach sehr kräftigen Mann aus einem sentimental kuhischen Gefühl heraus unter Absingung alter Tempelmelodie beschneiden wollte, gab er ihr eine Maulschelle, die nach Autobus roch, daß ihr der Klemmer vom rudimentären Sattel der Nase glitt, sie zumindest ein Doktorat im Schauer des Ereignisses vergaß. Er lief erregt durch den Raum, fühlte Kälte trotz der Jägerwäsche, als aber liebe trübe Bathseba in verzweifelnder Kopflosigkeit kein andres Mittel mehr wußte als sich ganz zu entkleiden, nackt und phallushungrig auf ihr lechzendes Passivum wies, da heulte er erst recht auf, stürzte weg. Im Lauf riß er die Marmortafel unten vor der Haustür mit der schön gelockten Nachtglocke stürmisch ab, daß der wilde Jäger Wuotan schier erschrak, sah plötzlich rückwärts bekanntes Doppeldreieck, rannte, rannte, rannte, trat schweißübertüncht, lungehüpfend in muffigen Wartesaal kleiner Bahnstation, verschwand im Zug, der bald anschob. Fuhr Tag und Nacht, bis ihn die weiße Einsamkeit Lapplands begrüßte. Als ihn erster Eskimo blöd bestierte, fragte er sich erst, d.h. fand er nun Zeit zu Fragen: Wie bin ich eigentlich hierhergekommen? Er blickte auf zum Äther, sah dort groß, grau im Gewölk die Initialen des Korsen Napoleon. Dazu hörte er auf einmal wie von sehr fern: Puppchen, Du bist mein Augenstern! So ins Leere gewissenhaft gestarrt, waren gleich Renntiere gut zu ihm, er begriff hier erst voll und ganz Franz Marc's Tierlegende, Verwandtschaft des Menschen mit Tier, die schon längst vergessen, ja Brüderlichkeit, wäre nicht Mensch bösartiger, fuhren nachdenkenden Gast an Hütte im schiefen Eisgebirg. Trotzdem Jörg nur einen pepitanen Sommeranzug trug, fühlte er durchaus keine Kälte, sondern stürzte, als er niedrigen Raum betrat, mit einer nicht alltäglichen Brunst über das frische derbe Weib, das ihrem Kind eben die Zitzen gab. Während der wilden Begattung, Spaß nach einer Bathseba Schur diese Wasserfallablenkung, stand der Besitzer dieses Weibes erfreut lächelnd dabei, und als beide matt, von so viel Erfrischung matt, kroch er an Jörg, leckte ihm bedankbarlich die schöne fette Hand. Jörg platzte sich inmitten der Felle auf brüllte: Hier herrscht noch die freie, primitive große Lust der Zeugung. Da Da! Hier ist die Mutter aller Kultur. Woher ich komme, aus dem verfluchten Westen, dort grinst nur strafbare Exhibition statt Kultur. Da Da! Ich fühle mich so stark, daß ich eine ganze Erde zeugen möchte. Da Da!!! – Mann und Weib, die bang zugehört, verstanden fremde Laute zwar nicht, fielen aber nieder, weinten auf seinen Unterleib herab, denn sie hielten ihn für den Gott der Himmelswut. Dann schlugen sie selbst ihre Nacktheit. Nächsten Tag standen hundert Eskimoweiber draussen und baten um seine Mannheit. Er bezwang sie alle in drei Nächten, leicht. Bei Licht küßten sie seine Füße. Nur bedauerte er, daß hier kein Telefon war.

Dann schlief er lange, einmal, bolschewistische Träume spazierten durch seinen Hirntopf. So sah er sich als Gründer der Fabrik Unikum-Kleeblatt-Margarine. Wenn das schon nichts auf sich hatte, so war es doch immerhin ein Urin-Chronometer. Eben fand er die astrale Kurve, die über Cézanne dreimal um Picasso sich wand, bei Arp und Hausmann, assistiert von Klee endete. Auch Palmen fächelten.

Ich schicke, ich Jörg, Serner und Tzara meinen intertellurischen Gruß und freue mich schon auf die Kahnfahrt über den Niagara. Wer spricht da Ich Jörg? Jörg bist Du, kein Ich! Blick, wie Jörg über den Wasserschaum schnellt, der Kahn kracht mitten in der Luft, zwischen Gebrüll und Gischt, setzt sich dann zum Erstaunen aller Ur- und Blattpflanzen wieder zusammen, steigt am Ufer aus, wirft drei Löwen, sechs Leoparden, zweiundachtzig Pinseläffchen und eine Generälin von der Heilsarmee zu Tode. Dann kamen Serner und Tzara, begrüßten Jörg und alle drei wurden zum Präsidenten von Amerika, Zentral- und Südstaaten mit inbegriffen, gewählt. Eine Dreiheit eins. Das war noch nie da. Aber Da Da. Neuer Präsident arbeitet keinen Völkerbund, auch keinen Friedensvertrag aus, wohl aber verbot er das Waschen mit der Sun-light-Seife. Eben wollte Jörg, freudig ergriffen für Ovation oder gar Revolution danken, als ein Papagei, grün mit blauem Schnabel, rosenrote Arie sang: Nun sei bedankt mein süßer Schwan!

Durch Jahrtausende glitt Jörg durch viele Zellkörperchen zurück oder vor? weil er plötzlich vergaß, was Zeit sei, und kroch in Nagasaki aus Blau des Himmels. Nicht Jörg rief man ihn, sondern Hoku. Schwitzte als Kuli, trug vornehme Herren, Beamte, Schogune. Einmal tropfte Prügel auf sein Gesäß, er Hände schützend darüber haltend lief durch Reisfelder, lang, bis knapp der Futschijama in sein beträntes Gesicht leuchtete. Eine Stimme sang: weißt Du denn nicht, daß Du einmal vor Jahrtausenden, oder wird es erst sein? als blasser Mann von einem Haus fielst, daß Dir der Schädel zerbrach und alle Atome schütterer Hirnsubstanz durch den Kosmos fegten? – Da besann sich Hoku, klagte nicht mehr, rief aber durch den Schnee der Kirschblüten fremden Laut: Jörg.

Er war Maurer, hatte weißes Gesicht, dunklen Bart, fiel vom Dach, brach sich Genick, stand auf und ritt auf einem Silbergaul weiter als Student. Im Butzenscheibenhaus er verschwand, sah im Vestibül eine große Fliege, schrie: Fliege! schlagt sie tot! stürzte danach, es schien ihm als stünde er am Platz Notre Dame zu Paris, viele Leute fielen, verfolgten die Fliege, fühlte er, die Fliege, Jörg selbst, die Streiche, fiel hin, trat gleich drauf aus dem schlanken Gebäude, leichten Druck wie von Büchern unterm Arm, der Schofför verneigte sich tief, Auto nahm ihn auf. Erstaunt. Sonst fuhr darin ja die berühmte Tragödin Mia Miu. Warm wars innen. Kleiner Tisch pries solide Speisen aus. Vollständig auf der Höhe der Zeit, wirklich erstklassiges Auto, dräut der Winter noch so sehr. Da unkultiviertes Geschrei: wüster Balkankopf schaute herein durch geschliffnen Glasesglast, aufriß Tür, Bombe schwingend er sich plötzlich slawisch devot entschuldigte: O verzeihen Sie, ich dachte, Sie sind der Thronfolger von Österreich-Ungarn, der durchlauchtigste Herr Erzherzog Esterhazy Bankerott!

Das halt ich nicht aus! warf Jörg seine Arme, griff aber nur den Busen des Eskimoweibs, erwachte aus höhnischen Traumgesichten, fand sich da als Jörg. Er hatte seltsamerweis Füße oben auf der Fellstatt, Kopf hing ihm unten. Da stand er auf, schüttelte seine Mähne, rief: Frisör! Als niemand erschien, befahl er den Schlitten zu richten, schrieb schnell noch ein Buch über das Vorkommen der Beistriche und Punkte bei den Romantikern, besonders zum Gebrauch für Eskimos dargelegt, erläutert, mit Anmerkungen und Fußnoten reichlich versehen, klopfte einer jeden von den abschiednehmenden Urweibern eins leutselig auf die Scham, und fuhr. In Hammerfest mietete er Boot, ruderte, schlug Winde und Wasser, schrillte einmal als er fern portugiessche Küste nach Wochen sah, schoß schon unterm Äquator, stieg in Afrika ans Land, bölkte: Da da bin ich.

Hier bedeutete Leben siedenden Kampf. Fletschende Nigger wollten dem schmucken Mann aus Elfenbein die Haut abziehen, er hob aber wuchtig seine Pranken und die plastischen Negerköpfe sahen alle Feuer vom Himmel lodern. Also verehrten sie ihn als Gott, Sonnengott. Das, was man nicht verzehren kann, sieht der Mensch als Gottheit an. So stand es in der Grammatik. Nur schmerzlich wars, daß Jörg auch hier das Telefon vermißte. Doch Morsetelegrafie verstand man. Besonders die Negerweiber, die sich, als sie Jörg sahen, vor ihm unscheu, ganz dem Zweck der Sache entsprechend hinspreizten. Ein starker Mann ist überall gern willkommen. Dieser Satz, vorgeahnt bei der Reichsgräfin Motz-Flankenbusch in Berlin WW, wurde ihm hier inmitten der Kannibalenweiber erst voll und gediegen bewußt. Zum Zeitvertreib machte er aus Gummibäumen schöne Gegenstände, die er gelegentlich den Fraun der Mitglieder der Friedenskonferenz zu Paris überreichen wollte.

Sonne scholl mächtig am Zenith, als er vor dem König und sämtlichen Ministern des Kautschukstaates einen volkswirtschaftlichen Vortrag hielt. Kannibalisch sprach er schon besser als europäisch. Jörg erörterte sehr eingehend die Relativitätstheorie mit besondrer Berücksichtigung des direkten und allgemeinen Wahlrechts bei Fraun und bat zum Schluß ein geehrtes Publikum Hedwig Courths Mahlers Werke künftighin zu singen. Das verbat sich aber sofort der Königshäuptling Tschampassa sehr energisch, da auf Jörgs soeben entfloßnen Rat hin gleich alle Kannibalenweiber kräftig angefangen hatten zu singen: Lori vergib! Als man die erregten Fraun inbezug auf diese Originalhymne beschwichtigt, fuhr Jörg fort in Rede. Allen Jungfraun ist Jungfernschaft und Grafenheirat im Voraus garantiert, sogar patentiert D.R.P. Nr. 606. Da stand ein Minister auf, trat an Jörg heran, sprach etwas. Jörg kühl: Sie meinen das ist Patent für eine Bogenlampe? Aber ist Bogenlampe und Jungfernschaft nicht einunddasselbe? Der Minister machte eine zweideutige Bewegung, die Jörg aber eindeutig auffaßte, meckerte beinah: Ich verstehe jetzt Herr Minister. – Ich bitte, dafür beziehe ich auch Gehalt.

Der Vortrag endete tief ergriffen. Sämtliche Negerfraun sandten eine Begrüßungsdepesche an alle Dienstmädchen, absolvierten Gymnasiastinnen und Hörerinnen der Filosofie inbezug auf vorteilhafte Hebamme und Schriftstellerin H.C.M. mit der ungeduldigen Schlußfrage: wann kommt denn schon der nächste Roman? Umgehende Drahtantwort bitte unter: Klub der Negerkünstlerinnen, Kautschukstaat, Afrika.

Schon war Jörg nahe daran im Kautschukstaat eine Eierkonservierungsanstalt m.b.H. zu gründen, als er mittels eines Kranichs einer Ungemütlichkeit entfloh, nach Schina, denn sonst hätte ihn ein hysterisches Negerweib beinah in seine Mannheit gebissen, die ihm doch so teuer. In Schina gestrandet, betrat er Schantung, weise Heimat Kungfutses. Vor dem Tempel in Küfu drosch er nieder gleich Blitz, ward so im Gelunger rückwärts achselberührt, nahm schon Huldigung des gastlichen Würdenträgers entgegen, sprach sonderbarerweis Schinesisch, erinnerte sich überhaupt nicht mehr seiner weißgesichtigen Heimat, gelbte Gelb, hieß Lü Tschang. War kaiserlicher Statthalter, ging, als er hochbetagt gestorben, bei seinem Begräbnis mit, war auch unter den Zuschauern auf der Straße, von wo aus er den Leichenzug ehrerbietig, fast demütig grüßte. Dann durch den Kopf eines Mörders gefahren, der eben in allen Sprachen gescharfrichtert wurde, nun sich in das blöde Lallen eines Neugebornen versteckte. Als er in Rattengestalt durch schmutzige Straße Pekings lief, ungeacht ihn aber alle als Gottheit beriefen, da stank er sich aus, verging, schlüpfte durch Äther hinaus in den Weltenraum, atmete erleichtert freie Zugluft, dann auch nicht mehr dies, murmelnd: Jörg, Jörg! flog plötzlich schneller, rutschte auf ausgestorbnes Land, das magisch wie Castans Panoptikum schillerte; Mond. / – Eben griff er mit Händen um sich, als aus einem Krater mit vielen Bücklingen ein Mann segelte, vor ihn hintauchte und sich griechischen Lauts als Pythagoras vorstellte. Jörg hätte ihn kaum erkannt, denn dieser anmutige Zellhaufen, einst so berühmt in der Mathematik seines Mutterplaneten da unten, sah jetzt unfaßbar verworren aus. So stand Pythagoras' Nase beim Hinterkopf, der Mund schwoll zwischen Gefüßwinkel wie frauliche Schamheit. Freudig teilte ihm der Greis mit, daß er der einzige Bewohner des Monds sei, jetzt von Glück aber fast übertroff, da noch ein Lebewesen, was man so Lebewesen nennt, angekommen sei, dem er längst bedrückendes Geheimnis anvertrauen könne. Trotz mondlicher Kälte, die Jörg unangenehm übereiste, schwitzte Pythagoras arg wie er da sprach: Lieber Erdenfreund! Mein Lehrsatz ist falsch. Hier habe ich erkannt, daß es heißen soll: der Kreis über der Hypotenuse, rc = 1/2 c, ist gleich der Summe der Kreise, ra = 1/2 a, rb = 1/2 b, über den beiden Katheten. Denn merke Dir: alles ist Kreis, nie Quadrat. Quadrat ist unendlicher Blödsinn zur Minuspotenz. Ich wollte diese Erkenntnis, Berichtigung schon immer hinabsenden zu dem besoffnen Fragezeichen oder Anfangsendpunkt, aber dieses tolle Gewürm da unten fängt wohl meine Lichtstrahlen auf, glaubt, sie seien vom Mars gefunkt, und telefoniert mir mit meinem falschen Lehrsatz zurück, daß mir vor lauter Ärger die Nase nach rückwärts, der Mund in die Knie gefallen ist. Komme ich wieder dereinst nach irrationalen Jahren auf diesen intertellurischen Fußball »Erde« zurück, dann werde ich Billardkugelfabrikant. Schabel schimel schum. – Mathematischer Greis glotzte geometrische Zirkel vor sich hin. – Eine Frage lieber Pythagoras: meinen Sie, daß es Erfolg haben könnte, hier auf der Mondlandschaft eine Fabrik für Reformunterhosen zu gründen? – Das wäre auch für Nichtwesen im allgemeinen und für mondliche Bakterien im besonderen zu unpraktisch. Schon wegen der gegenseitigen Anziehung. Schabel schimel schum. – Da kehre ich also mittels Parabel zur trunknen Erde wieder rück, sauste schon weg. Mond auch zu rasend kalt. Vergiß nicht unten meinen Satz zu verbessern. — Nein, durchaus nicht, seien Sie onbesorcht lieber Gemoetrieschonglör, requiescat in pace oder Konserven sind die beste Nahrung für terren Völkerbund, lieferbar zu 800 Prozent, Verdienst 2.600%, dann nicht zu vergessen das Geheimnis aller Planetenwelten, die es ihren regierenden Sonnen zuflüstern: Busoform wirkt enorm. – Schabel schimel schum, schreien Sie nicht so!

Auf Erde gelandet griff Jörg Knochen, schaute auf: neuer Balkan war um ihn mit großmannsüchtigen Natiönchen, Stimmgewirr heiser, ungefüg, immerhin slawischer Umkreis beflaggt, buntklecksig, Festorkane bei Zunderbeleuchtung mit Minusvaluta als Stundenregent: Prag. Gilbe Funzel am umseuchten Himmelbett Europa. Die Stadt der Brüllaffen und Flöhe, der Korruption, des neueuropäischen Bazillus idioticus militaris, auch der Angelpunkt sämtlicher Wimpel einer westlichen Welt mit Salvarsanbehandlung, Zentrale der Schieber, die mit Staatsbankerott Hausse trieben, der verstopften Kanalisation, der schnellsten Elektrischen der Welt und Stadt der sechstausend Minister. Jedermann ist, war oder wird Minister. Dafür geht es dem Volk glänzend. Es bekommt Uniformen umsonst, schön poliert, darf neun Jahre lang schießen, wenn auch nur mit Erbsen, und sich am Roulettespiel Austria rediviva beteiligen. Das alles für eine gute Krone mit Löwenstempel, die in Zürich auszugeben als internationales Wagnis gilt, da Du vom schweizer Schandarm sofort verhaftet wirst. Krenwürstel tragen die Fraun an den Ohren neben böhmschen Brillanten. Auch ist man manchmal sehr ernst: dann wird hierzulande, Buchtenlande ein Schenie mit I geboren. Das A singen geigen gurren alle Leute dazu, kommt die Rechnung zur Bezahlung. Jörg lag erstaunt noch auf holprigem Pflaster, als er urgroßes Tüü hörte, schrill in sein armes Ohr, das noch vom Mond träumte, und ihn bald ein ministrielles Auto überfahren hätte. Da stand er todesmutig auf, waghalsig, brüllte: Ich danke! floh weg. Das Volk, anfangs dumm, heulte dann freudig auf: Hurra! der HERR Kaiser ist zurückgekehrt, nun gibt's wieder Kreuzersemmeln! Überetliche Soldaten standen stramm. Vom Hradschin herab dröhnte innerster Seele des Volks entgegenkommend ergebne Hymne auf das Haus Habsburg. Klosettdeckel, hermetisch verschließbar, auch schön bronziert wie manche Kandelaber dieser liebenswürdigen Stadt wurden verteilt. Durch beblumte Straßen schritt, nachdem vorher stark geböllert, pariserisch elegant, durch und durch echter Rasta, habsburgischer Vertrauensmann Ritter Dr. Karl Starkhand in grünspanrostiger Rüstung, in der er noch vor kurzem nach Rußland ausgezogen, um dort Präsident zu werden. Da es aber in diesem Lande seltsam brenzlich roch, auch bolschewistische Popoprügel noch brennend schmerzte, war jener Rasta auf französischem Kriegsschiff mit Schaumrollen und Yohimbintabletten, tief beladen, ergriffen zurückgekehrt, wurde hier sofort zum Berichterstatter höchst eigner Zeitung und zum Verwalter seiner Milliarden gewählt. Es war ein schöner Akt und geschah unter frenetischem Gebrüll. Auch Kanarienvögel bellten, während sämtliche Nähmaschinen seufzten. Jörg gurgelte wie Mundwasser wütend: Wie werde ich energisch oder hier will ich nicht neuer Herkules sein, der Saustall ist zu weitschweifig! ließ Duft und entwich nach Madrid.

In Spaniens Hauptstadt tausend Schock Zigaretten, daß er doch immer an Eier dachte, eingekauft, raste er nach Valljadolid. Hier am Grabe Kolumbus' riß er Knie nieder, schrie zum erstenmal kein Schalksnarr, kein Spötter, ernst, groß:
WEIL ICH DIE MENSCHHEIT LIEBE, MUSS ICH DIE MENSCHEN HASSEN!

Über Italien schnellzugte Jörg nach Südtirol, aß in Bozen gute Birnen. Stieß auf sonngeschmückter Straße an faßgeformten Mann mit überroter Kutte. Ölig lächelte Glattrasierter, bat Jörg um Almosen, sagend, er sei Minoritenpriester.
Minoritenpriester? Warst Du nicht jener Pfaff, der in Wien im Kaffeehaus stank? Doch nein, Du warst ja der Verruchte, obgleich gesalbt, der dem Heiland rostige Nägel durch Glieder schlug.
Nicht gerade jener, doch ist mir Kristus bekannt.
Also bist Du ein Jude. Her Dein Herz! damit ich Dir es entschlitze!
Jetzt nach zwei Jahrtausenden noch Sühne?
Doch schon goß semitisch Blut übers Pflaster. Und Lächeln stob noch, als er, Jörg, wissend, einen Kristen getötet zu haben, entfloh. Wer? Spitze grelle Lacher ballten sich noch hoch. Und die Gosse heulte. Und die Gosse schrie.
Reklame bot frech »ANNA BLUME« an.

Jörg unvermutet in Fiume angekommen, saß im Kaffee, dachte an Thomas von Aquino, dann an Grünewald, zuletzt an Gauguin, nun Kokotte ihn mit Blicken überflammte, endlich er sie frug nach Namen und mehr. Sie, statt Antwort, flötete: Es ist sehr zum Wundern, daß jetzt so wenig Leute an Trichinen sterben, nicht? – Allerdings! schrie Jörg, da jetzt zu viel Granatenauflauf gegessen wird. Mit Muse trank er seine Hammelkeule, jawohl trank, bannte Eros aus dem krokusnen Umkreis, erinnerte sich schmunzelnd der Schlacht bei Ronzevalles, stieß laut ins Horn Olifant, als sich der Kellner heranpirschte, das Schnupftuch aufhob, übrigens ihm das Zündholz bereit hielt. Nachher legte Jörg seine Hände blau vor sich hin, dachte halb an den Busen der Gegenüberkokotte, halb an den schönen Flimmer der Milchstraße, die zum Saturn führt, als klitschnaß das Licht ausstob und Finsternis durch den Raum peitschte. Schließlich ist unter Umständen Magenerweiterung, wennschon keine Krankheit, so doch ein Faulheitsübel. Und Stromschnellen sind auch nicht büchen.

Früh nahm ihn D-Zug in seine Arme, fächelte ihn in Budapest auf den Boulevard. Ernst antrat Jörg die Beamtin, boste ihm auf Madjarisch zu: Sie müssen sich am ganzen Körper rasieren lassen! – Wozu? – Nicht gesprochen! und schon schwamm Jörg im Bassin, beschaut, bekitzelt von vielen nackten Mädchen. Er sprudelte, da gab man ihm eine Rakete ins Maul, freute sich am Feuerwerk. Als er aufwachte, befand er sich in Berlin, hörte soeben die elektrische Klingel.

Japan hat letzten Endes auch seinen Mikado. Und Jörg Schuh legte seine Hände porzellangrün vor sich hin, wartete glommen Blicks. Kaum gepocht, trat otto-ernst bei ihm ein, auf Kopf den Gamshut, jodelnd, juchzend, sonst aber wundersam nackt, nur rückwärts im geehrten Steiß stak ihm prachtvoller Blumenstrauß. Wahrscheinlich Symbol eines Werdegangs. Ich bin nämlich auf Freiersfüßen, meinte eingetretner gediegner Dichter. – Da kann ich Ihnen gute Pommersche Gänse empfehlen, haben zumeist das Doktorat aus Germanistik, schreiben Lyrik, Tagebücher, auch Dramen. Wenn Sie aber eine besondre Spezies von gescheuten Damen kennen lernen wollen, lieber otto-ernst, dann pilgern Sie glatt mal nach Prag. Dort brüten, ja legen die Doktorweibsen herrlich, unermüdlich Eier. Laufen Sie hin, diese Guten werden gerne mit Ihnen turnen. – Ja Turnlehrer bin ich noch immer, bölkte o. e. stolz. – Na also!

Beim Prälaten unterm Stadtbahnbogen Friedrichstraße propellierte Jörg seine dekorierten Zähne in etliche Filets, schwomm das alles zu Bier, spielte über die weiße Rutschtafel des Tischtuchs zu dem Wesen hinüber, das er mit Frage bekollerte: Haben Sie schon einmal eine ganghofersche Nudelsuppe so gut verdaut wie ich mein Eisbein in Schelee? Und die vielen andren Romane, bald Miljö, bald Liebesromane auch der andren Autoren und Autorinnen, o die lieben Zuckerbrezeln. Im Ernst genommen, das ist die Liebe. Schließlich ist zwischen Penis und Vagina gar kein Unterschied, zumal wenn sie süß beseufzerlich beisammen sind, beide bestehen aus Fleisch, wenn auch geometrische Form etwas verschieden, riechen nach Mysterium, das nur eine Reibung mit Knallgasentzündung ist. Haben Sie denn das noch immer nicht verdaut, da es fort bei Ihnen als Neuheit wirkt, originelles Original will ich nicht sagen, haben noch immer nicht verdaut? – Da quoll der dort drüben, Frosch mit innrer Marmeladebeleuchtung, giftig auf, platzte und schmiß armen Jörg die Hure von Babylon an den Kopf, daß er alle Pyramiden Ägyptens wimmern hörte. Das ist aber auch ein feines Benehmen, aber ein sehr feines, schellte Jörg, lief in Straßentrubel hinaus, verlangte stürmisch eine Notleine. So einen Redner haben wir schon lange gesucht, schrien einige wild, von einer politischen Partei, tatzten ihm ihre Pranken aufs Schultergelenk, führten ihn auf einer Bahre unwiderredlich zum Parlament. Abgeordneter Jörg Schuh verbeugte sich schon vor rasend beifallklatschendem Haus. Herr Hannibal Hagen Liefke war eitel Sonnenblume.

Ich bin der Abt vom Berge, begrüßte Jörg das Parlament, komme soeben vom Mann im Mond und bringe Euch seine freundlichen Grüße, Telegramme und das Offert, seine Hosenträger zu kaufen, die er selbst erzeugt, Marke »Herkules« bitte. Damit, d.h. wenn jeder von uns sie trägt, haben wir unsre Valuta heraus. Dem Herrn Finanzminister empfehle ich unbedingt zehn Paar dieser Hosenträger anzulegen. Dazu würde als gemäßigtes Kostüm sich ein Reiherhut mit Pantoffelschnallen sehr gut machen. Übrigens: war das neue Wahlgesetz nicht sehr gut? Konnte nicht jeder Republikaner am denkwürdigen Wahltage unbesorgt seine kalte Schale löffeln, trotzdem das K. d. W. gesperrt war. Trägt nicht Pater Südekum einen wundervollen Frack? Wahrlich, wäre ich nicht Schuh, ich möchte Wilhelm sein! Ich bitte, beifalln Sie nicht. Und dürfen wir uns gefallen lassen, daß unsre besten Patrioten, die Schieber von der Regierung mit Steuern belegt werden? Wo doch Melchior Vischers dada-Spiele die Wohlfeilsten sind, was wir derzeit haben. Auch wollen mehrere Operettenkomponisten, Gründer und stille Teilhaber prunkvoller Weltbuffs, langverdienten Professorentitel erhalten. Man könnte ihn ja dem Weingartner oder dem Muck ruhig entziehen. Kann uns die Regierung auf alle Fragen, welch pyramidale Fragen, eine befriedigende Antwort geben? Nein, das kann sie nicht, aber ich kann eine Antwort geben. Also bin ich die Regierung. Schon schrien alle Kopfebenen: Es lebe Präsident Jörg Schuh! – Ich danke für die Illumination. – Zuguterletzt hatte man ja schon seit langem nicht mehr eine so klare präzise gedankentiefe, ja kosmoserschütternde Rede im Parlament gehört, wie eben jetzt die Jörgs. Zur Begrüßung stellten sich alle Tippmamsells in Reih und Glied, legten ihre Blusen ab und zeigten ihre gemischten Brüste. Da freute sich das ganze Haus und jauchzte: schließlich können wir auch das Hintre vertragen, oh wir halten was aus! Da ließen geistreiche Diener die Fenstervorhänge herab, damit keusches Dunkel ekstatische Insassen überstülpe. Löwen brüllten enorm, da die Menagerie ganz in der Nähe.

Vor dem Volk zeigte sich Jörg gemessen, ja majestätisch. Das ist endlich einmal ein Präsident! Helles Entzücken blütenschneete auf ihn herab, als er sich als Athlet entpuppte. Stemm Kraft Bemm. Da hörten alle Kapitalistenfraun, auch Autogattinnen so eigen, doch so wonnig einen Vogel irgendwo piepen. Die Muskulatur ist ganz prachtvoll. Auch die Nässe in untren Regionen. Dazu noch das Konzeptpapier. Und die schön gedrechselte Haarlocke. Und der Mops mit himmelblauem Seidenbändchen.
Aaaach!

Das war die Pirsch. Glockenblumen verneigten sich. Parföm geißelte Luft, die brüllte. Jörg gefiels in seiner Position so gut, daß er sprang wie Hirsch zur Brunstzeit, murrte, endlich verstopften Afters nach Brasilien schlotete. Dort bewunderte er den Körper eines Aufgehängten, verglich ihn mit Weisgerbers Sebastian und stoßseufzerte: Gut, daß es noch Semmeln gibt!

Am Kap Horn zog er sich aus und ließ seinen Leib im Winde wehn. Ah! stöhnte erschauernd eine U. S. A. Miß, Tochter des kilometerschweren Petroleummagnaten, die eben auf schwanener Jacht vorübersegelte. Sie legte an, griff mit nervigen Lawn-Tennishänden sich selbst betastenden Jörg, gischtete schamwehen Schrei durch stürmische Luft, zog äußerst männlichen Mann in hygiänische Kajüte. Man war schon im Golf von Mexiko, als Jörg, straff, in Nankinghosen das Deck betrat, die Miß währenddem lag noch schwach, die Hände breitete, Gruß ins sternengebannerte Chicago, vive Bendäda Hecht! voraussandte. Dort von Sippe der Miß hoheitsvoll begrüßt, schenkte man ihm zwei Klistierspritzen. Schwämme sind manchmal ungesund. Die Miß freute sich schon auf Abend: venetianische Nacht bei mattrosa Ampelbeleuchtung. Damenstrümpfe haben auch eine Biologie, ebenso wie Battistwäsche nach unten. Man kann sogar sagen, sie haben Geruch. Und darauf kommt es heute an. Geruch erzeugt Kolonien.

Bonbons sind nicht nur süß wie Benzin zum Beispiel, sondern auch Töchter von amerikanischen Petroleumkönigen. Zumal wenn ihre Hände durch vielerlei Sport geübt sind. Das war für Jörg ein Lueskatorsparkfest. Aber schließlich war er ja kein Tapezierer. So glitschte er auf einen Äroplan und fuhr wolkenquer dem antiquarischen Appetitsbrötchen Europa zu. Über London ließ er beglückt Wasser, sang: God save the King! Unten rief man: Zeppelin wirft flüssige Bomben! sofort eilte der Luftverteidigungsminister Woprschalek herbei, schrie: panove, panove! Es kamen aber nur Schusterbuben mit rotzbezapften Nasen. Die Lords knabberten Abführpillen. Aber eine Jungfer, nur eine Jungfer sah mit Fernrohr, woher troff der Wasserstrahl. Da betete sie: gesegnet sei dieser Strahl, denn viele Fraungefäße sind gedörrt und güst! dann bei sich: was heut alles vorkommt. – Unterdessen war Jörgs Äro schon weg, schoß wie getroffner Vogel nieder auf Helgoland, wo gerade Frau v. Tirpitz ihre Eier sonnte, währenddem die beiden Herren Ebert und Noske sich in prachtvoller Badebüx fotografieren ließen. Die Dame war unmutig ob der Störung. Jungfraun und andre Mädchen wetzten vor Vergnügen, Schauer ihre Badeanzüge. Der Äro brannte noch, als Jörg sich verbeugte und schwieg: Ich bin ein Künstler! – Aber womit? rülpste eine zehnjährige Göhre, die schon zwölf Jahre verheiratet war und fünfzehn Mutter.

Jörg Schuh, Jörg Schuh, hieß er denn nicht einmal Jörg Schuh? Nein, ich heiße ja noch Jörg Schuh. Hab etwas gelernt, kann etwas, bin etwas, wenn auch nur imaginär. Odol reinigt die Zähne, jawohl. Für alles gibt es Heilmittel, die nicht wirken, aber nur für die Kunst nicht. Es klangen vom Dom die Glocken, bis der Strick riß. Da schrie Jörg - -

REKLAMETAFEL:
Lachen Sie nicht meine Herrschaften, Sie wissen nicht, ob Sie sich selbst belachen. Dann aber lache ich. Wer sagt Ihnen, daß ein Quadrat immer und überall ein Quadrat bleibt. Lachen Sie, lachen Sie!

- - - *denn er war plötzlich Stukkatör.* Und da hat ihm einmal einer gesagt, er sei mehr als das, er sei Künstler. Da schaute Jörg auf, blinzelte leicht, erzählte Traum, den er einmal in der Steppe geträumt, zuvor gab er aber ein wenig Geometrie: Sehen Sie, ich machte mich einst auf, die Gerade zu verfolgen bis zu ihren Endpunkten, ich lief, schnellte, flog von Erde über Sonne zum Saturn jenseits der Zeit, durch andre Welträume, endlich jenseits des Raums, bis ich nach Myriaden hoch zur Myriadesten Erdenjahren wieder die Erde betrat, und da fand ich: es gibt überhaupt keine Gerade, es gibt nur Kreis. Das ist das letzte Geheimnis des Alls. Doch niemand will es glauben, sie lachen, sie lachen alle, lachen. Nun zum Traum: Ich saß an einem Sumpf und dachte an die Hure Kunst. Da fiel vom Himmel Blitz, zischte tief. - Schön! sagte ich. - Scheußlich quakte ein Frosch. Und doch haben wir beide Gemeinsames, beide leben wir, jener vielleicht viereckig, ich aber rund, vielleicht. Plötzlich drehte sich irgendwo in meinem Gehirnkino eine Kurbel. Ich sah anders. Schuppen fielen: durch Jahrtausende sah ich frei: Kunst ist, wenn schon nicht ein Vorurteil, so doch immer eine

Privatansicht, stolzierte mir dieser bedenkliche Gedanke bedeutend durch das wirre Straßennetz meines wassersüchtigen Hirns, ehe ich in und durch Sumpf sank und mich übel vergurgelte, daß ich noch Jahrhunderte lang daran mich erbrach. Ein Äro, von französischem Siegesoffizier begattet, vergewaltigte Luft. Ein Vogel sang. Und ein Frosch zwitscherte.

Krool ookroool oookroooo looooschüüschüüschüüschüüüdadadaadaadaaadaaa Löwe, ririririririilülülülühihihihihiiii Pferd poupoupouuou taktakpoooouuuuboooobooooou Hund, schaulschaulschaulsusususuu Hirsch, eieieiiinöööööiöööiöööiiööööiööi-iööi Vogel, schief, quer, prasselnd wie Unwetter töteten endlich gefundne ichthyosaurische Urlaute die ganzen blöden Sprachen verkommener Erdkugel. Ich bin verrückt meinen Sie? O nein! meine Umwelt ist nur blödsinnig, zivilisiert, beschmiert, daher ich seltsam. Besonders seltsam pietätvollen gesunden dicken Leuten und Turnlehrern. *Wir wollen die Kultur zertrümmern, auch den bürgerlichen Wahnsinn, der oft so schön gefärbt und in Saffianleder gebunden, wir gehen bis zum äußersten Ende, dorthin, wo schon die große Freiheit grenzt:* Ursein. Wir trümmern, trümmern, und da da vom Grund auf, zuerst also kröch lackierte Sprache, daß nur übrig bleibt das einzige große DADA.– Huelsenbeck, Baader und Schwitters seid gegrüßt. Wir haben kein Erbarmen. Wir zeigen die Gescheitheit und prrr die Vernunft von ihrer Kehrseite. Wankt, wankt. An dem Sonnenmondtag, an dem die Kultur mit dem schamlosen Bastard Zivilisation zusammengekracht, da will ich dann hinknien auf Meer Ebne Wüste, Hände in reine weite Luft strecken, rufen wild stark groß:
WIR SIND WIEDER JUNG!

Ganz noch im Fall, Stockwerk 40, 36, 22, 9, 3, 2 sah Jörg windschnellenden Kopfs noch lang breit in sein Hirn leuchten quere Tafeln mit Goldbuchstaben

O die Henne! gack, gack, Ei, Ei, Henne entgackerte Ei, das Hanne die Magd aus Korb gerade jetzt verlor, nicht wissend, daß es Jörgs Gehirn. Ei getschte auf Asfalt, entbrach sich zur Dotter, mischte sich schleimig mit Dreck und verging.

.... *Wind pfiff und Jörg lag am Pflaster zerbrochenen Kopfs und Genicks.*

NB. — Für sentimentale, damit alles auch ein Ende habende Leute mit seufzend ergriffnen Kinoseelen sei noch der gediegen gute und nicht unbedeutende Schluß erwähnt, damit es halbwegs nach dispositionaler Erzählung stinke:
Wachmann wackelte zur Unglücksstelle, riß dem Toten die Messingnummer von Brust, glotzte darauf: Nr. 96. Herbeigelaufner Polier sah im Arbeitsbuch der Baufirma nach unter besagter Nummer, fand dort den Namen: Jörg Schuh, Stukkatör, Geburtsort unbekannt, heimatlos, Alter zwischen zwanzig und sechstausend Erdlebensjahre, sonstige Merkzeichen: seltsam eingedrückte Schläfen, wie bei altägyptischen Mumien. So. — Bahre ward herbeigebracht, Jörg weggeschafft auf Klinik zur Beschau. Der Professor sprach: Bitte, nicht lachen meine Herren und Damen! Es krallt nieder eine Variation von Büchners »Wozzek«: Ein guter Tod, ein echter Tod, ein schöner Tod, so schön, als man ihn nur verlangen kann. Wir haben schon lange keinen so schönen gehabt - - - ein ausgezeichneter Fall! Ich bitte wie deutlich meine Hörer und noch mehr Hörerinnen, wie deutlich: Hirn ist strahlenförmig der Schädelkapsel entspritzt und hängt gallert traubenhaft, doldig als schöner Kranz um Kopfperiferie. Ein schöner Fall ein fei — — —
Nun kommt der Strich. Furchtbar schräg und plötzlich, der Strich. Erst einer quer——, dann einer lang|, gibt zusammen o schwinget ihr Rauchfässer ein

Der Teemeister

»... Wahrlich!
Rikyu war einer unter tausend
unter den Teemeistern...«
Okakura Kakuzo

Haus brannte, auch papierner Lampion fing Feuer, Nachthimmel war gar nicht so schwarz, eher bläulich, nun goss Rot von unten in gischtender Garbe hoch, Zikaden zirpten erwachend auf, ungeheuer leise, doch gleichwohl schrill für gläserne Ohren, verzweifelter Greis fiel zu Boden und weinte; auch die andern, bestürzt schauend, schienen dasselbe zu tun, währenddem mitten drinnen im sonderbar heulenden Brandesbad stilles Heldenschicksal sich schlicht vollzog, ohne dass Zuschauer dafür Zeugnis ablegen konnten; einfach und mit zwingender Notwendigkeit blühte das Grosse auf, denn auf schon lichterloh brennendem Tokonoma stand die alte Teeschale, unermesslich kostbar, mehr als tausend Jahre am Leben, fern von China hergekommen, aus ehrwürdiger Hand des grossen Lu Yü, stand sie und war in Gefahr; ein Stück seltenster Schönheit; wild kochte schon erste Flamme, ihr sehr nahe. Trotzdem knapp vor Tod, vergass er keinen Moment, sie in grösster Verehrung zu schätzen; heisser, immer noch heisser schritt Ende an, Verzweifelter sah um sich, kein Ausweg, Feuerring schloss präzis, liess keinen Auslug, dicht kroch Siedehitze am Boden, beleckte tastend Füsse, züngelte höher, Kimonosaum ward hell, da erfasste nun schon mutig gestellter Blick in aufschäumender Liebe die schöne Tasse, innig, ganz. Kehle von Verbrennungsqualm schon sehr umkrallt, schwankte er hin, griff das Porzellan, behutsam, kleines Seitenmesser beinah schon heiss, schnell gezückt, schnitt Bauch auf, Schmerz und Feuer stach Augen blind, dennoch tieferer Schnitt nun, gütig machten Eingeweide Platz, Tasse ward sicher eingebettet, tastend, gleichwohl mit aller Sorgfalt, Blut siedete schon, Haut legte sich schützend darüber, bedeckte abwehrend, erste Flamme frass, ein kurzer Laut, zerbissen in stürzendes Bambusgerüst geächzt, verging schwach, Feuer herrschte unentwegt bis zum Schluss: Weisse Blüte roch betäubend, streifender Kimono war purpurrot, Geflüster in Nähe beinah klagend, gepanzert schellender Tritt des Wächters draussen, Blick des Taiko war Zirkel, der stach wie Blitz, scharf, ganz glühendes Auge des Herrschers schwebte in warmer Luft, bis sich, was wahrnehmbaren Sinnen ferne lag, wirklich vollzog; denn er, Rikyu, der Teemeister, stand, erschüttert von eben ingeschautem Erlebnis, das ihn durchtobt, umbebt von Vision, die noch brodelte, schaute nun auf, hin zum Taiko, dessen eines Auge fiebernd im Raum zu schweben schien; und Ereignis, wunderbar, ward: Der Herrscher sprach auf einmal Sätze, fremdsam, aus Elfenbein geschnitzt, chinesisch verschnörkelt, Sätze, die er, Rikyu selbst, eben im Innern seiner Seele erlebte, erschaute; er konnte nicht sprechen, doch der Taiko sprach laut, was Traumland seines Hirns schön durchfuhr:

»Da fanden die Mönche, als jenes heilige einsame Haus zu Asche niedergebrannt und das Feuer verebbt war – die Sonnengöttin Amaterasu, erst erzürnt, ward nun milde und schenkte den suchenden bangen Mönchen, die eben die sechzig geweihten Chrysanthemen gebadet hatten, Richtung und Ziel, denn grenzenlos milde kann sein Amaterasu – sie fanden sofort unter spärlichen Brandresten noch spärlicheren Körperrest, gänzlich verkohlt, Leib des unglücklichen stummen Bruders, von dessen ewiger Tat, ewiger Meister würdig, sie noch nichts wussten, sonst hätten sie alle ihre Gewänder zerrissen und nackt zu den Sternen frohlockt; doch die Sterne waren nicht rein, nicht hell, nicht glänzend, die Sterne standen blass und fern, um lauen Himmel, der nicht mehr schwarz; nur Blutkruste war pechschwarz, und verriet noch nichts. Und das war gut, langsam musste die Frucht reifen in ihrem Herzen, damit sie bereit wurden zu letzter Erkenntnis. Es war ein verkohlter Leichenrest, weiter nicht seltsam, nur traurig anzusehen. Da standen sie lange erst stumm, dann legten sie ihn auf eine Bahre, trugen ihn durch Gärten, die erst bitter, hernach süss dufteten, langsam dem morgendämmernden Himmel zu; Blumen, Kelche geöffnet, neigten sich zu Boden, tief und gross, als der Zug vorüberging, Paradiesvögel sangen, ein Kumabär weinte auf sein Fell herab, leichter Ostwind brachte Regen, in dem erste Sonnenstrahlen sich spielten, zerstreute Steine, scheinbar nutzlos, kollerten beiseite. So ehrten offensichtlich leblose Dinge, gute Tiere, scheue Blumen, betaute Pflanzen, den Märtyrerleichnam, den ahnungslose Mönche trugen, so wusste alle Natur schon, was Menschen, in Trauer getaucht, noch nicht wussten. Als sie ruhten, die beinernen Rosenkränze, geweiht von Schaka, nach althergebrachter Weise unablässig drehten, und unterdessen brandleichige Bahre im hohen geknickten Gras versunken stand, da flogen sehr grosse Bienen herbei, noch nie hatte einer solche Bienen gesehn, auf Erden, noch nie, karminrot waren ihre Flügel, dämmerblau ihre Leiber, meergrün ihre Augen, die unendlich fern leuchteten – es könnten vom Stich ihres Blicks alle Spiegel der Welt zerschellen, Lügner würden schon ausgedachte Lüge im Mund als Wahrheit hervorstossen – flogen herbei, einen traumhaften Glockenschlag lang, der silbern hell vom gefächerten Turm alter Pagode weltvergessen herüberklang, ward Sonnenlicht verfinstert, nun zum zweitenmal Morgendämmerung mit schnell folgendem Tageslicht von Sonnenglut, südlich, umrahmt – Flügelschlagen war sehr leise – sassen auf dem Leib, in geraden Linien, Wellen, befehlendes Zeichen »AKERU« stand mit Spitze bauchzu, so geschrieben; die Mönche, aus betäubter Überraschung eilend, lasen das Zeichen ab, zähneplärrend, doch nach den Gesetzen des heiligen Kanon, sagten einmütig: ÖFFNEN, sehr hoffnungsvoll, nahes Wunder erahnend. Weiss ward es vor ihren Augen, dann wie früher, Bienen waren weg, frischer Leib der Bahre, irgendwie verklärt und verändert, heischte. Im Bewusstsein der soeben erhaltenen Offenbarung liessen sie Scheu, hatten auch keinen Ekel vor umkrustetem, brandgeschändetem Körper, tasteten erhöhten Bauch ab, fühlten jetzt, erst jetzt, der Leib schien gesegneten Zustands, fuhren beiseit, fielen zu Boden: Schwarz in Blut und Eingeweide gefasst, Edelstein, ruhte die Tasse. Die solches geschaut, zerrissen ihre Kimonos, indes ihnen die Augen übergingen: Auferstanden die Teeschale, die schon im Nichts geruht, von den Toten! Seltsam kehrt sich um Natur, schnellt in Bogen, stösst an zu Parabel: Schoss des Weibes war taub, Schoss aller Weiber güst, einen Lichtblitz nur, rasend kurz, wo Blut springt zu Blut: Zum ersten Mal ward ein Mann auf Erden befruchtet, in jenem furchtbar ewigen Augenblick, der so deutlich schnitt, Zeugender war Feuersglut, von Auge gesehn, von Haut gefühlt, wohltuender Beistand beim einzigen, sich niemals wiederholenden Akt, Bewusstsein der Schönheit, sprang einer, ein Mann, für alle Frauen sündig tändelnder Erde in die Bresche und ward ganz Schoss. Nicht kennst du seinen Namen, Zeugnis legte ab nur die namenlose Tat. Die Weiber wachten auf, alles war wie vordem, Natur schien nicht verändert. Und die schmerzliche, von einem Manne beschämte Allmutter Amaterasu schickte einen glühenden Sonnenstrahl als Sühne, gleichsam, der sich vor dem toten Retter der Tasse – trotzdem er tot, schien sein Leib von eben getaner Geburt erschöpft zu sein – ehrerbietig verneigte, ihn dann mit Glut umgebend umfloss, so die männliche Mutter der Erde entzog: Die Tasse blieb, nicht ungebärdig schreiend wie sonst frischgeborne Kinder, war still, gut und schön. Der glückliche Gebärer der Schale, in lauem Mondlicht gebadet, in kühlem Aether getrocknet, zur Gestalt erhoben, ging ein in die Gefilde der Segnenden, sieht auf uns in grösster Milde, in grösstem Verzeihen: die Schale, der Kelch auferstanden von den Toten, wiedergeboren durch ihn, und unter uns wohnend. Wie glücklich wir! Gruss dir und Dank Sonnengöttin Amaterasu, mehr noch Dank dir, grosser Unbekannter, der du in verzehrender Stunde Mutter warst!«

Der Taiko hatte geendet und lauschte verzückt seinen Worten nach, sie vergassen, dass der mit sehr milder Stimme eben gesprochen, härtester Zwingherr war, triefend von Macht, gepanzert mit Gewalt, das alles schien er jetzt nicht, sah eher geheimnisvoll kränklich aus, matt seine Rechte über purpurne Stütze des Thrones hingegossen, fast edel, und in Angst aufzublicken. Rikyu lächelte kühl. Satz nach Satz des nun ausruhenden Sprechers war von ihm gewesen, stille Einflüsterung von ihm zum Taiko hinüber, dessen Zunge gehorcht hatte. Leise strich glatte Hand am Kimonosaum hinunter, in einer sehr gemessenen Linie, diese unscheinbare Bewegung sprach, befahl, denn plötzlich fielen die sorgfältig geschnitzten Ebenholzstatuen der zweitausenddreihundertzweiunddreissig Götter und Göttinnen, reihum an Wänden des Kronsaals auf Gesims gestellt, mit einem geradezu einzigen Krach herunter. Entsetzen pfiff, grausamer Pfeil, durch Aller Körper. Rikyu hatte doch nur Saum, irgend einen zufälligen Saum, leicht berührt, wilde Hunde heulten, von rostroten Schächern erpicht gehetzt, plötzlich keuchend und mäjestätsverachtend quer durchs Gemach, die leichten Matten, so kostbar, flogen empor, Papierwände wankten gross, in letzter Angst suchten alle, auch der Taiko – oh die vielen Gewänder, gelb, blau, rot, violett, schwarz, grün, grün, teegrün, Gesicht, ach so steinern ruhiges Gesicht des Teemeisters, der nun tief gebückt stand, plötzlich, und sich wunderte, gewiss, gewiss! er hatte doch nur bunten Saum seines einfarbigen Gewandes leicht berührt, die Tasse war schon lange auferstanden, ruhte bei ihm in seltnem Kenzankästchen und beschützte sein Haus – der Lärm im Raum ward tobender, sie gesteten, die feierlich gefalteten Staatskleider waren ungehörig verwalkt, verbogen, unsteif, der erste Minister kugelte auf dem Boden, ganzer Estrich war Erdbeben, die Pose des Narren frechte lästernd, der Meister fühlte nur, dass um ihn Lärm sein müsse, hören konnte er nichts, alles so delikat gefährlich, verrückt, wie in schiefen Träumen, aber er konnte seine Hände in Unschuld waschen, Unsinn des Lebens klebte ihm auf merklich dörrender Zunge, Gelächtergebärde streifte ihn, dicht, ganz nahe, doch Ton war unhörbar, verging wie die Zeichnung eines Schlages, in rasch fliessendes Bachwasser hineingetan. Er hatte die unwirklichen Bienen gesehn, dort ist einer in der Menge, sicherlich, der den guten selbstlosen Kumabär, heute erst geboren, Fell so kaninchenhaft weich, mild, Krallen noch nicht lebend, daher geradezu samten, sicher erschlagen hatte, ohne zu wissen, warum, warum schwebte über allen das Wort Warum wie eine böse giftausprühende Schale, die opalen zwar, doch furchtbar, ja, warum tötet man gute Tiere, warum? – doch die Tasse lebte, und das gab Gegenwärtigem einen ganz bestimmten, beglückenden Schnitt, der Kelch, neiget euch alle vor dem Kelch, alle, alle, alle müsst ihr Diener sein der grossen einzigen Teeschale, die eine Welt regiert, besser als du, finstrer

Taiko, die Welt, es muss ja Getöse unhörbar sein, es muss, der Porzellankelch ruht fern, darf nicht von Lärm geweckt, aus seinem so schön unsinnigen Sinnen gestört werden, neues Wunder einer wunderlosen Welt, einer entwunderten Erde, Getöse ohne Klang von Getöse, nur Schatten, Gespenst, Bild von Getöse, nur Schatten, Gespenst, Bild von Getöse, sichtbare Bewegung, Laut aber erstorben, geschleudert ins Nichts, ins böse Nichts, dann in zwingender Folge kommt Gelächter ohne Geräusch, oh Lust zu sein! oh Unlust zu leben! das war nur ein noch unbekannter Schrei im Innern, irgendwo, ohne hervorbrechenden Schall, nein, so schlug er die Arme hoch, erst vors Gesicht, dann vor sich weg in den Raum, gar nicht demütig, und vor allem frech gegen Zeremoniell verstossend, sprach Rikyu sehr gelassen: »Er war im beginnenden und schliessend geschlossenem Kreise mein Vater!« und giftgrüner, eben auf ihn fallender Blick des Taiko verblich, ebenso ohne Geräusch, ganzer Raum war wie früher, er aber, er, Rikyu, hatte Leben, stark donnerndes Leben ohne Donner, seines ersten und ihm zunächst stehenden Ahnen, klein, trotzdem schlicht, doch das mit grossen Weiten, bei sich, auf stiller Insel, umtost vom Kreislauf des Blutes, in Nähe erst jetzt gebornen Herzens, das aufgeschäumt war, soeben erlebt.

Nun wieder sprach der Taiko Belangloses, Herrschergemässes, Antworten der Minister waren noch nichtiger, plätscherten unnützes Bachgemurmel, als Rikyu furchtbar erschrak: Traum des Lebens lautlos barst, Wirkliches verletzte, Worte des Mannes dort waren kreischend, dröhnten stärker als Glockengeläut, da drehte der Teemeister ganzes Antlitz zum Thron hin, warum war Geräusch noch immer nicht getötet, so darf Leben nicht mehr sein, Geräusch ist Tod, Gott, der auf ewig, der Geräusch, auch geringst leisesten Laut, nicht mehr hört, nun sprach er mit sicheren Lippen einen Satz, schwer wie Bleigewicht, alle im Raum, selbst der Taiko, waren an seinen Mund gekettet, fest, unerbittlich, kein Ton ward hörbar, obwohl sie alle Gesichter genau ihm zugekehrt hatten, sämtliche Anwesende und ganzer Raum ein Gesicht, das zusehends grösser werdender Frage glich. Sein Mund redete, doch nur Schweigen schnellte über Zuhörer hin und legte sich schwer auf oberflächliches Bewusstsein: So furchtbar war der Satz, den er aussprach, den er schon gesprochen, leicht bewegte sich sein Gewand, er neigte sein Haupt, tief, fast allzu tief, dass es schon bald als nicht geringer Hohn klang wider den Taiko, dem ansetzendes Gelächter, sehr steil und erschrocken auf halb lächelnder, jetzt gespenstig erstarrter Miene stehen geblieben, sanfte Sandalen waren wiederum lautlos, oh seltsames Gemach, oh furchtbar, zu wissen, dass zwischen seinem Blick und dem des vielleicht jetzt gerade ungnädigen Herrschers ein Ozean strömte, nicht zu fassen für die Menschheit, nur für ihn, Ozean mit so fernen Weiten, dass jede Parabel sich schloss, Ferne zu Ferne stossend Nähe werden konnte, und sicher zwingend bei ihm Nähe ward, Raum, auch Raumleere ist eins, ist in ihm, Welt flutet durch sein Herz, Kontrapunkt des Kosmos, lauter Sturm ist die Welt, stiller Sturm sein Herz, verschwistert der zarten Porzellanschale, so trat er, Gottheit über sein Haupt als Gloriole getürmt, in den Stich der Sonnenhitze hinaus, dass blauglänzende Wächter Schweiss vergassen, zu Boden fielen, Knirschen junger Zähne in weissen feinen Sand hineinbargen. Einsame Ebene, gross, horizontgeschwängert, sang eine dünne Melodie, selbst lockender Schlag der Wachteln war nicht zu hören, nun fiel dicht vor seinen Augen ein Spinnwebnetz nieder, vom Himmel zum Nordpunkt, bedeckte ganz seine Pupillen, oder war es nur von Zweig zu Zweig zufälligen Kirschbaums gespannt, da sah er nicht, da hörte er, so laut, so stark, den wilden Ozean brausen, kochen, wirbeln, alles anströmte zu mächtiger Rhapsodie und war doch durch hauchzarte, regenbogenfarben schimmernde Spinnwebzeichnung einzig dies zu sehn, still, kolossal, schneebedeckte Majestät: Fuji.

Ob man dort oben an seinem Gipfel wohl Fische fangen könnte, meinte irgend ein Widerhall auf eine alte, früher schon vor Jahren gestellte, seitdem aber längst vergessene Frage in irgend einer Kammer seines Kopfes, der Fujiyama säulte steil und unbedenklich in die Höh, Erdbeben war vor einem Jahrtausend Grund seiner Geburt, smaragdgrüner Glockenturm, von Jade und Glas gebaut, fiel, nur eine Spinne ward unter scharfen Trümmern erschlagen, Netz riss: Orkan brüllte um seine Ohren, so war fern der allmächtige Fuji zu schauen, da schwebte Rikyu zu Boden nieder, küsste das Moos, denn er wollte noch nicht schauen wie die Schale hoch über dem Bergkoloss leuchtete, beherrschend sichtbare und unsichtbare Welt, Taifune brandeten an, zerschellten am dünnen Glast des alten Porzellans, das sorgfältig chinesisch, Brausen voll Licht, Brausen voll Luft, Brausen voll Wasser war, wesenlos, doch mächtige Pferdeschar, auf der sie herausschwebte und an sein ein wenig erhitztes Hirn leichte Kühle warf. Schon umschwirrte ihn wieder sicherliches Geschrei knallig bunter enger Gasse. Obwohl er durch arg eilende Menge schritt, vernahm er doch nicht irgend einen Ton, bizarres Schemen war so Strasse, Platz, lungensüchtiges Schemen die kuliumdrängte Sänfte, die dahersegelte, ziemlich aufrecht, wie schwarzweisse Wildgans auf gekräuselter Woge des Iwaresees, da hielten sie an, Mond schien ganz sicher irgendwo vom Himmel, trotzdem Mittag, Sonne, Hitze beinah die elegant gekrümmten Säbel glühend schmolz, als durch ovale Oeffnung sehr bleiches Frauenantlitz – Augen so schief mandelförmig standen, dass eben gewiss ein blasser Mond Tagesfirmament beherrschen musste, ja auch die hohlen Kelche der Blumen könnten, betaut, geschlossen sein, ein Schatten ist gestorben – nun auf ihn blickte, mit schlanker Hand einen überaus bestimmten Wink gab, doch er, im selben Augenblick wissend, dass im Kronsaal Missgünstige ihn beim Taiko hämisch verleumdeten, sagte: »Ich bin der Ozean. Eine neue Blume erfand ich soeben, in dieser Sekunde«, doch nur die Bewegung der Lippen war wesentlich, sonst war nichts, vor allem kein Laut, gleichwohl trug er selten geformte Blüte in Hand, mit unhörbarem Wehruf sank die Schöne in Sänfte rück, Seidenvorhang, türkisblau, sternbespritzt, schloss, Erdboden roch frisch nach grünem Blut, vom Tempel wehte das staatliche Sonnenbanner, unten stritten zwei fette Bonzen, ein jeder Kind einer andern Weisheit, der eine kreischte formelhaft: »Der Wind gibt der Fahne solch leichten Fluss und Schwung«, der andre stülpte auf ihn wieherndes Gekrächz: »Sie bewegt sich selbst und bewegt hiemit den Wind. Verneige dich, Tropf, und glaube das Wunder, das noch sichtbar deinen blöden Augen, morgen vielleicht kann das Schauspiel, selten und erhaben zugleich, nur ich bloss schauen, übermorgen dann vielleicht auch ich nicht mehr!« damit er aber schon vom andern eine rasche Ohrfeige erhielt, das alles schien jedoch nur zu sein, um ihn, dort stürzte der Edelsteinhändler hinterrücks um, Genick gebrochen, eine Maultrommel war vor einen Marktwagen gespannt, der mit Kürbissen hochgeschwängert fuhr, und doch von allem kein Ton, nichts, lächelnd trat er also in das Singhaus, sass neben der Geischa, sah Gesang, sah Kichern, sah Saitenspiel auf mattem Koto, schlürfte schlechten Cha aus gewöhnlicher Schale, auf dem kleinen Teespiegel neue Blumenblüte schwamm, ward an die ferne stille grosse Königin allen Porzellans erinnert, lief, die Windenblüte in der Hand fest haltend, jetzt krampfte er sie weit von sich in Luft, die nebenan, vergewaltigter Zweig dazu stach in der andern Hand, beging schon heimatlichen Kies, sie soll Winde heissen, sie ist eine Winde, krummgebückter Diener hielt ihm einen Krug Essig hin, schnell trank er ihn leer – oh dass doch die Wesenheit des Kruges, jeden Gefässes der leere Raum immer ist – so betrat er nun den Vorraum zum Gemach der bald nahen Zeremonie, wo seine Freunde schon warteten. Ein wenig Schweiss wischte er sich noch von der Stirn. Leise Angst hatten die Freunde im Blick, als einer von ihnen fragte: »Meister, wo warst du so lang? Wir haben grosse Stunden auf dich gewartet, oftmals ist die Sonne auf-, der Mond untergegangen, der Mond empor-, die Sonne herabgestiegen, vierzigmal ist das geschehn, wir aber, obwohl wir nicht wussten Tag noch Stunde, wannen du kommen wirst, haben gewacht, es war Zeit, dass du kamst, siehst du nicht, wie Streit ist, wenn du nicht hier?« alle schauten, noch war letzte Frage nicht zu Ende gesprochen, auf einmal nach links, entgegengesetzt dem Ort, wo er gerade überrascht stand, papierne Wand rollte unhörsam beiseit: wilder Garten mit kleinem Weiher war Bild, zwei unendlich dummschlau aussehende Tölpel standen da, ganz hokusayisch gefügt, wie aus dem Yehon schenjimon geschnitten, ein Pfau, kostbar bunt, quirlte Räder, gross, sich durch die Zwei dazwischenschiebend, stelzte sehr selbstbewusst vor ihnen, der eine lachte wie Gong, das geborsten, allerdings, trieb verfettete Hände mekkernd über seinen Bauch hin, so frech, dass der andre, wütend und neidisch, Zuruf ihm hinwarf wie madigen Speck: »Sohn eines Aases, was plärrst du wie eine schmutzige Messingpfanne, auf der Reisbrei verbrennt, Tropf, Tolpatsch, Tor?« »Laotse scheint nicht dein Vater zu sein, auch nicht Jimmo, du Enkel einer räudigen Fliege, siehst du nicht, dass ich mich freue, weil sich der Pfau so fröhlich freut?« hielt erster zur Antwort hin, sprudelte unablässig schallendes Gelächter.– »König aller Dummköpfe Asiens, du bist kein Pfau, wie kannst du, eingetrocknetes Kolibrihirn, wissen, ob der Vogel sich freut?« – schlug der andere entgegen und ward ganz zu unzüchtiger Geste. »Hühnerphilosoph, du bist nicht ich, wie willst du also, bekoteter unnützer Ringelschwanz du eines Schweins, wissen, wieso ich nicht weiss, dass der Pfau sich freut?« der Gegner.– Unterdessen war der Pfau ihm, der doch von seiner Freude – wie harmlos ist eine Pfauenfreude – so genau wusste, ganz nahe gekommen, fauchte tückisch, vergiftend glühten böse Augen, zornig türmte er Gefieder auf, suchte mit Schnabel, spitz, geschliffen, nach der einen menschlichen Hand zu hacken, unausgesetzt, da liefen beide Streiter aufheulend, jedoch unzweifelhaft mutig weg, verschwanden im weiten Schnee der Blüten, Rikyu riss rasche Geste, stirnumwölkt, ungeduldig, alles war wieder so gewöhnlich, denn er sah und hörte, hörte, hörte, alles war Trug gewesen mit der Geräuschlosigkeit des Lebens, warum ist Natur nicht aus der Welt zu schaffen, warum verfolgen die Gesetze, einfach und klar, ständig ihn, warum fiel Mond nicht auf Sonne, beide hernach, Mond und Sonne zugleich auf Erde, er würde sicher dann Weltgefüge knirschen hören, ein Sprung auf spiegelglatter Wölbung grenzenloser Sphäre wär erquickliche Labung, und alles wäre gut, doch so hörte er wieder, hörte: »Meister, wir dachten, die Tasse sei krank, und so haben wir sie besucht, sie war gefangen gewesen in dem Lackkästchen, und wir haben sie herausgenommen, sie war nackt anzusehn, und wir haben sie mit dem zitronengelben Seidenschleier behangen. Wir konnten jedoch den Tee nicht bereiten, nur du kannst über die Schale gebieten. Nun bist du da, Meister, wir sind froh, dass du endlich bei uns bist«, solche Worte verwirbelten in der Luft, die vom Garten schwer einströmte wie gesegnete Frau, er hörte – entsagungsvoll hatte er Widerstand gegen Geräusche aufgegeben – sich wie aus sehr weiter Ferne sprechen, und zwar diese Worte: »Was ihr meinem Kelch getan habt, habt ihr mir getan«, einiges Glück rauschte in den Augen der Freunde hoch, wenn auch vergehend, kurz, nochmals warf er eine beherrschte Geste, die aus ihm unbewusst dunkel trieb, Wand glitt auf Rillen zu, legte sich wie traumene Mauer schützend vor Sicht seines verklärten Blicks, sehr viele Hände hoben sich beschwörend, machten das Gemach weithin gestreckter, lauschender, fielen dann wieder jäh und schlaff herab, neigten Köpfe, auch Rikyu liess langsam sein Haupt sinken: der Taiko hatte Besuch angesagt, so war er schon im Raum, hielt die Hand lass an seiner Brust und war sehr ernst.

Da Rikyu wusste, dass sein wertvollstes Gut in seiner Abwesenheit von Freunden so sorglich umbangt gewesen, trat eine gewisse Wärme in seinen Blick, mit dem er den Taiko nun bewillkommte. Sommertag war, Geruch von Lilien floss ein, der Blumenordner, als graziöse Silhouette im offnen Türrahmen zu sehn, beschnitt mit kleinem Messer die Stengel grosser Blattpflanzen, soeben brachte er wunderbar erlesene Blüten mit einer winzigen Säge – erinnernd an überraschendes Taschenspielerkunststück, war das Instrument auf einmal in seiner Hand – zu Fall, niemand schien die vielen Todesschreie der Blumen zu hören, nur er, Rikyu, den sonst sehenswerten Garten mit beleidigend eilendem Blick streifend, hörte das für gewöhnliches Ohr unhörbare Geschrei der Gefolterten und langsam Sterbenden, überirdisch leise war Todesmelodie, vergehender blumener Schwanengesang: Duft, unendlich süss, hielt Luft gefangen, fest drückte er an seine Brust, wo neue Blume gesichert verborgen, war, unter Gewandbausch, der Taiko, auf einmal der Taiko, nickte ihm freundlich, doch merkbar ungeduldig zu, er besann sich, hielt ein kleines Lächeln, unbestimmbar, es konnte ebenso Ja wie Nein bedeuten, oder auch etwas ganz Fernes, das gewiss kaum hergehörte, wenigstens schien es bis jetzt unbekannt, ausdrücken, zu allem bereit über Gesicht gelagert, zugleicherzeit machte seine Rechte förmlichen Ansatz zu einer Handbewegung, die im selben Augenblick mit seinem Mund sagte: »Wollest du bedankt sein, grossmächtiger Herrscher, dass du zu mir Unwürdigen gekommen bist, möge dir mein dürftiges Dach nicht zu gering erscheinen, gib diesem schmutzigen Ort mit deiner herrlichen Anwesenheit die Gottesweihe, ich wage, dich ergeben zu begrüssen«, so liess er den Taiko vorausgehn, sie folgten, alle die andern, er zuletzt, äusserste Schiebewand schwebte weg, Teeraum lag in grösster Schönheit da, wie Oase in eintönige Wüste, erfrischend, erhaben, stumm grüssten bang Eintretende die unsymmetrische Stätte ganz ungeheuer künstlerischen Leerseins, die sie doch schon so oft geschaut und die immer wieder noch abwechselnd Unfassbares bei jedem erneuten Betreten den Sinnen brachte. Entlebt standen sie da, kurzen Moment bloss, in tiefem Schweigen, nur des Teemeisters Augen schienen heller zu werden, zu leuchten, er war gegenwärtig der Einzige, der lebte, im vollsten Bewusstsein, der Taiko, eigentlich störend in den Raum stossend, ungelenk, für dieses Gemach, übrigens auch für nipponsches Verhältnis viel zu gross, bei weitem, wusste wohl, dass dies alles etwas zu bedeuten hatte, ebenso auch, dass es Würde des Herrschers erheische, die bestimmten Zeremonien des Tees inne zu haben, die er ja eigentlich schon genug oft eingeübt hatte, sah nun aber – wahrscheinlich presste ihn in innerster Selbstkritik dieser Mangel schwer: die Erkenntnis nicht voll genommen zu werden – beinah blöd aus, was die andern, die im stärksten Geniessen der stillen Messe, im verzückten

Verharren waren, weiheschändrisch unliebsam erweckte, was noch stärker ward, als sehr ungehaltnes, schier verletztes Gefühl alle Teejünger umschlich, als er, da er der Herrscher ist, hat er wohl das Recht, laut in die Hände klatschte und mit ungefüger Stimme die Aufwartung befahl. Jetzt sahn sie auch, dass der Taiko Harmonie gegenwärtiger und noch kommender Handlung gäh durchrissen, denn alle hatten leicht grünliche Gewänder, die zu dem lichten Gelb der Wände und zu dem etwas schmutzigern der Matten sehr verwandt schienen, nur er trug einen roten Kimono, einen purpurroten, das war ein Misston, schroff und entschieden. Rikyu stellte unter einem zum Taiko hinüberzielenden, beinah liebenswürdigen Lächeln fest: das ist eine Blasfemie, ungeheuer frevlerisch, es ist eine noch nie erhörte und erschaute Gotteslästerung gegen die Schale. Nur gut, dass sie im sorgfältig geschreinten kleinen Lackschranke lebte, verdeckt, und nicht jene Missachtung sehn konnte. Nun ward ihm auch unumstössliche Gewissheit, dass jener rohe Bauch dort drüben, jener Mann ohne Tee in sich, obwohl er mit schrecklicher Macht über Mensch, Tier, Land, Luft, Wasser gegürtet war, nie und nimmer dieses blau und rot leuchtende Erlebnis, das jenes, jetzt unermesslich hassenswerter, wulstiger Mund vor kurzem in Worte gelegt schön von sich gegeben, allein hätte schauen können, nur weil er damals im Raum, war diese merkwürdige Strahlung für einen Moment von ihm ausser Acht gelassen, auf jenen Unwürdigen gestürzt, das ärgerte Rikyu sehr, jetzt, sein Blick wurde boshaft, schief, und suchte von unten den Taiko zu treffen, der in einer ganz plötzlichen Aufwallung Hass bei dem Teemeister fühlte, infolgedessen, irgendwie in Trotz, ironisch und stolz, sein Haupt zurückwarf.

Rikyu hielt Lippen hart, fest gehemmt, die verdeckten: auf den blanken Zähnen darunter stand unerbittlich der Satz: Der Taiko muss sterben. Wer wider meinen Kelch ist, der steht wider mich! Dies tönte schrankenlos laut, immer und immer wieder, durch seinen Körper, der äusserlich jedoch, stark beherrscht, nichts verriet. Eher wurden jetzt seine Augen freund-

lich, wie sich seine Miene glättete, grosse Erkenntnis strömte: Dem Todfeind muss man mit überschwemmender Leere, die undurchforschbar, begegnen, in dieses Vakuum muss der Widersacher hineinstürzen, ferne Grenzen, sie würden schliessen, der Wehrlose wäre ihm ausgeliefert wie das Wasser, welches in die Leere der Kanne fliesst, dann gefangen ist, genau so, die Leere ist das Furchtbarste auf der Welt, das Gefährlichste, wer sie als Waffe verwenden kann, ist der Mächtigste der Mächtigen. Der Taiko wird mittels Leere gefesselt werden, was dann mit ihm zu tun sei, überlegte er jetzt noch nicht, doch wusste er das eine, dass bei heutiger Teezeremonie jene Schale, die durch des Taikos anstössiges Gewand beleidigt, nicht zu gebrauchen sei: So ward sie vorenthalten. Auch der Tee war gewöhnlich, grün, die Blätter derb wie eingekerbte Falten der Juchtenstiefel tschungusischer Barbaren, beim Einwerfen in das eiserne, mit einer leichten Patina belegte Kochgefäss, fühlten sie sich an wie vertrocknete Apfelschalen, im Wasser alsbald entfaltet, zogen sie dunkeln Wolkenfetzen gleichend hin, verquollen schon im Dampf voller Unkontur, nun trank man und sprach nichts.
Stille.
Rikyu erschaute aus den Wölkchen über des Taiko Tasse dessen nicht allzufernes Geschick, das tödlich, doch gerecht sich darinnen, in dem scheinbar ganz zufälligen Gewirbel — das vom Schalenrand pyramidenförmig in die satte Luft, so ins Unsichtbare verflüchtend, anstieg – als Vision voraussagte. Das machte seine Bewegungen, nebensächliche Gesten freier, Sinn und Miene nahezu heiter. Als in gewissem, auf einen Höhepunkt hinzielenden Augenblick die Freunde sein Auge suchten, bittend um Beantwortung der einen Frage, warum er dem hohen Gast nur eine gewöhnliche Porzellanschale gereicht, ohne Alter, ohne Herkunft, da lächelte er sehr fein, mit einem geradezu gütigen Nebenton, tat schlicht unauffallender Stimme diese Worte kund: »Ich schaue dies: Eine kleine Weile, und mein Kelch wird vergangen sein; und wieder eine kleine Weile, und mein Kelch wird abermals erscheinen«, gläsern flog

sein Blick jetzt ins Weite, dann sprach er nach Atempause ganz leise zu sich letzten Satz schmerzlich beglückend nochmals mit einer geringen Veränderung: »Und ihr werdet mich nicht mehr sehn.«
Die Freunde, obzwar nicht wissend, was des Teemeisters seltsame Rede bedeute, mussten doch eine Ahnung fühlen, da sie auf einmal alle verstohlen zu dem Taiko hinsahn. Der kotzte Gelächter.
Robuste Lachwellen brachen sich an den papiernen Wänden, machten diese fluten, keiner aus der Teegruppe fragte, warum denn der Taiko so wiehere, alle behielten ernsten Blick und straff nüchterne Gebärden, nur leises Knistern vergewaltigten Papiers der Raumgrenzen war anklagender Hinweis auf des Herrschers frech frevlerischen Lärm, so wollte der Gekrönte sich entschuldigen: »Es fiel mir plötzlich possierliche Geschichte meiner tartarischen Amme ein, die von dem chinesischen lustigen Kaiser, der immer viel und scharmant gelacht hat; am meisten darüber, dass alle um ihn herum starben. Nur er konnte nicht sterben. Darüber war er voll Übermut, der also niemals starb, weil er nie gelebt hat, deshalb hat er, und ich gegenwärtig mich seiner erinnernd, soviel gelacht!«
Rikyu, über den anwesenden sich selbst unterhaltenden hohen Gast brüsk hinwegsehend, zog dreimal mit der Linken Kreise in die Luft, letzter Teil der Zeremonie, zischte den Satz, der sonst das Gemach nahezu göttlich vergoldete, ohne Scheu hervor: »Ich bin der Tee des Lebens! Ihr habt davon genossen, ich danke euch.«
Dann standen sie alle auf, auch der Taiko war dazu gezwungen, Rikyu tat eine schlichte Verbeugung, hernach alle, nun der Taiko erst zum Teemeister, dann zu den andern hin, draussen schlugen drei unschön dröhnende Gongs, man schritt aus, Garten war gebreitet wie kleiner See, Wogen von Duft und Blüten gingen hoch, winzige Silberglöckchen sangen von den Zweigen, harmonisch von sachtem Wind gestreichelt, damit alle Vögel, auch die des Himmels, gescheucht würden und nicht auf ihrer Nahrungssuche die guten Blüten töten könnten, vor jeder

grösseren Blume stand ein sorgfältig gekleideter Diener, gelb, wischte mit einer weichen Bürste aus Schwanenflaum ungehörigen Staub vorsichtig von den Blättern ab, darüber verwunderte sich der Herrscher – Zartheit ist Fürsten immer verwunderlich und nach ihrem Sinne zu verwerfen – dies steigerte sich aber bis zu verblüffter Starrheit, als eine Kapelle von zwanzig Künstlern mit den verschiedensten Instrumenten eine unbegreiflich melodiöse Musik zu spielen begann, den Blumen zu Ehren, damit sie, die sonst ohne Feste zu leben gezwungen waren, sich daran ergötzen konnten, das begriff der Taiko, zwischen Lachen und Stirnrunzeln schwankend, nicht, zum Ende gewann Finsterzucken über Gesicht Oberhand, denn ein Marmorstein war mitten im Beet aufgerichtet, mit Zeichen versehn, die der Fürst nicht zu lesen vermochte, das ist Amt des Aktenverlesers, der aber heute im Gefolge fehlte, dreihundert Stockhiebe auf die vergesslichen Sohlen, nun stiess sein scheeler Blick wieder an den merkwürdigen Stein: »Es ist das Denkmal zur Erinnerung an eine schöne Blume, die der Teemeister sehr geliebt,« suchte Stimme eines Gunstbuhlers zu erklären, schneller schritt der Taiko aus, Kies knirschte gell unter seinen festen Tritten. Er wollte zerstören, töten, das war fester Entschluss, gleichgültig was! Da sonnte sich eine Zikade auf gelblicher Sandhelle des Pfades, rasch hob der plötzlich Zornviolette, hochmütig siegesbewussten Herrscherblick zu Rikyu hinwerfend, den rechten Fuss und liess ihn mit Wucht auf das winzige Tier niedersausen, im selben Augenblick brüllte ein Tiger von fern. Hohnlachend liess der Taiko sein Auge wartend auf dem Teemeister haften, dessen Gesichtsmuskel nicht im mindesten aufzuckten, nichts verratend, als er ohne Betonung fragte: »Hast du das Brüllen des Raubtiers gehört?« Auf seinen Zähnen, die von hart zusammengebissenen Lippen wiederum verbaut waren, stand abermals in heimlicher Abgeschiedenheit, nunmehr in blutiger Geschrift, furchtbarer Satz, der unabänderlich auf immer: Der Taiko muss sterben! Denn jetzt war der grausam hingerichtete Leib der vor kurzem noch so fröhlichen Zikade missgestalt zu Brei zerdrückt zu sehn; schwere

Last wie ungeheures Eisengewicht lag atemberaubend auf mitleidiger Herzgrube Rikyus. Ein wenig Unwillen war doch schon blass eingekerbt in die glattseinwollende Stirnebene, als er nochmals mit Stimme, merklich bebend, den Grausamen fragte: »Hast du das Brüllen des Tigers gehört, mit dem nachfolgenden schwachen Schrei? Könnte das Raubtier nicht dein Kind, unwissend spielend mit Goldperlen und Erdbeeren im Walde, zerrissen haben?« Da lief der Taiko, gespreizte Arme in verzweifelten Wind wirbelnd, stampfend weg, so dass sein Gefolge ihm kaum nachkommen konnte. Rikyu blieb versäult stehn, Kinn fiel tief auf Dach seiner Brust herab, sinnend, dachte Pyramiden, während die Jünger ihn wartend umkreisten, Sonnenblumen, anseit des Weges ragend, schienen grösser zu sein als sie. Mitten vom rasend rauschenden Leben der Blumen und Bäume umwogt, kam er selbst wieder zu Leben, als einer von seinen Schülern nun Antwort bat auf dies: »Meister, ganzen Hergang der Handlung, so undenkbar, verstanden wir nicht, weil uns das alles sich wie ohne Geschehn darbot.«
Masslos milde klang seine Stimme und klar: »Der Sturm in der Teeschale ist furchtbarer als der auf dem Meere, dies ist der Grundsatz und Tee meines Lebens, das allem Leben zuströmt. Liebe Freunde, hinter jeder Handlung, hinter jeder Erscheinung verbirgt sich Vorgang des Vorgangs, Erscheinung der Erscheinung. Ein Augenaufschlag von Blick zu Blick schöpft mehr Geschehen als tobend schreiende Schlacht von sechzig Tagen. Lasst eure Blicke kreisen: Tod ist nicht der Tod, irgendwo ward er schon vorher getötet, Leben ist nicht das Leben, irgendwo ward es schon vorher gelebt, vorherbestimmend unter der Fläche. Es gibt keinen Zufall, ein Gesetz aber ist. Ihr seht nur die Wirkung, ich aber schaue im ewigen Wechsel des unsterblichen Tao den Grund. Mir ward gegeben, Höchstes zu gewinnen: Ich schuf aus mir selbst einen leeren Raum, in den ich, allmächtig, allumfassend, was irden ist, zwingen kann. Der Taiko trug entgegen Vorschrift ein purpurrotes Gewand, der Taiko zertrat die schuldlose Zikade, deren Tod ich lange vor der Tat

erschaute. Ich sehe das Schicksal des Taiko schon vollzogen, unerbittlich, nicht aufzuhalten, Freunde, der hell glänzende gläserne Sand zu Füssen des Wegs sticht eure Augen. Nicht der Kies leuchtet, die Sonne ist grelle Fackel, fern und hinter euerm Rücken. Ewig ist der Duft der Blüten, versuchet mich nicht wieder, merket nur das Eine: Ich habe viele Stürme in der Schale erlebt. Der Blumengeruch ist stark und satt, lasst uns ihn atmen!«

Da es schon langsam Abend geworden, verliessen sie ihn, der still vor dem kleinen Hause stand und vom Wald herüber den Tiger rufen hörte.

Eine Weile blieb er so.

Dann er durch Zähne hell hineinpfiff in den dunkeln Odem, den ihm reifende Nacht schwer entgegenkeuchte, jähen Laut.

Drüben und fern erstarb Gebrüll.

Einsame Stille stieg an sein Knie.

Natur schien ohne Blutschlag.

Nun ein dumpf kurzes Tappen, wie wenn ein Stück gerundetes Blei auf üppigen Samt fällt, dann ein Zischen, doch immer noch weit, zwei Leuchtkugeln am Gartenhorizont, die jetzt hochfuhren, näher in einem schief zur Erde sausenden Wurf gedoppelt pfeilten, durch Sprung kühl gewordene Luft prallte an Rikyus Wangen, mit vergähnendem Knurrlaut lag der Tiger horsam zu seinen Füssen, prankenstill, ruhig, gut.

Zwingende Hand drückte Schnauze in den Sand zum Ruch, wo Ausdünstung robuster Fuszspuren des Taiko sicher noch über dem Weg lag, schnell gehende Nüstern sogen gierig, Hand liess nach, glühendes Augenpaar suchte Blick des Herrn, aus dessen gespitztem Mund ein langer, lind züngelnder Rollpfiff sprang, dem schrilles Wort nachschnellte: »Tod!«

Warmes Zittern floss durch Nachtwind: Der Tiger hatte seinen Rachen weit aufgerissen, nun schloss er ihn wieder, Augen grellten vor Feuer, leckte ergeben treuer Zunge den vorgestemmten Fuss des Meisters, satzte dann, eine Weile schönen wilden Kopf hin- und herschlagend, in einer geraden Richtung ab, verschwand im Bauch der Nacht, die schon alle Landschaft aufgefressen hatte.

Rikyu stand lange, regungslos, ohne die schwarze Kühle zu fühlen, die dichter und dichter ward und ihn, der Blick nach innen gerichtet, ganz umschwälte. Pfeil auf Pfeil durchzuckte sein Hirn, Herz aber ward nicht getroffen, langsam begann sein Körper licht zu werden, bis er vollends Licht geworden war, dass er kein Stück von Finsternis mehr hatte, und es war, wie wenn ein Licht mit hellem Blitz ihn erleuchte, und immer und immer wieder sagte er sich das vor, im Innern, acht zu haben, dass nicht das Licht in ihm wieder zur Finsternis werde, so hielt er die Hände weit weg vom Saum seines Kimonos, wollte an nichts mehr denken, an nichts. Endlich warf er seinen strahlend hellen Blick zum Himmel hoch, sah die grosse Kuppel sternlos, selbst die treue, die Ampel, sonst stets über schlafendem Garten hängend, war erloschen oder gar nicht entzündet, denn Mond war diese Nacht nicht.

Schwachen Seufzer zerkauend, ganzes Sinnen ohne Herz auf den Auftrag erfüllenden Tiger eingestellt, wandte er sich ab, trat durch finsteres Tor, zeniten über seinem Haupt sich wölbend – seltsam, früher war das doch karg schmale Tür bloss, jetzt, von nächtlichen Schatten umwittert, ähnelte sie dem Tor des rächenden Gesetzes im peinlichen Gerichtshause, im grauen, steingequaderten, und war Tor – ruhig ein, brannte einen Lampion an, schritt gemächlichen Gangs in letztes Gemach, in heiligen Raum, der roch nach Tee. Hinkauerte er sich vor dem Tokonoma auf die Matte, gebärdete Gebete vor sich weg in das Schweigen, das durch seins noch gesättigter ward. Dann erstarrte Antlitz, Körper, blieb so drei Stunden lang: Da war der Vater, der Sohn und der noch Kommende einer Ahnung, einer fremden Traumlandschaft. Nun sank Denken ein: Keine Gesichte ballten sich am windstill hingeneigten See seines Hirns, nichts schaute er, nichts fühlte er, nichts dachte er: Seele war weg, im farblosen Äther des Nicht-Seins. Ausserhalb Hauses schossen erwachende Geister Blicke durch mählich hinsinkende Nacht: Sterne aufschrien am Himmel, doch schwach, auch

der Mond goss seltsam blasskühles Licht auf matten Traum des Gartens, alle Winde schliefen in der noch unsichtbaren Böschung, purpurnes Gewand zog als schemenhaft nächtlicher Wolkenschleier über den mondenen Tsuki hin, tropfend, von schwerem Nass: Blut könnte Vorahnung sein.
Drinnen erwachten Fingerspitzen, Hand, Arm, Brust, Kinn, Lippen, Lider, Augen, endlich ganzer Leib des Teemeisters aus glücklicher Starre, neigte dreimal Kopf zur Ahnenurne hin, richtete sich auf, glühte Feuer an, Eisentopf summte Wasser, mit schlichten reinen Händen ward heiliger Kelch dem Ruhort entnommen – die Schale! die Schale Lu Yüs, von Vernichtung errettet und wiedergeboren durch Vater, der Held: Mutter gewesen – sanft floss Tee, Tee seltenster Sorte, in sie, Lampion war müd geworden, aufdämmernder Morgen war frisch, leise ringelte sich Dampf über Porzellanrand hoch, Schnörkel voll Zeichen, die Rikyu nicht enträtseln wollte, plötzlich setzte er die Schale mundab, stieg auf, schritt zum Tokonoma, hob vom Boden entfallene Blumenblüte: Winde, gestern entdeckt, neue Blüte wurde von ihm inniglich begrüsst und in nächste Vase geborgen, dann eilte er wieder auf andere Seite des Raums, schemelte nieder, ergriff hutsam die Schale, führte sie zum Mund: Dampf schleuderte Bilder, entsetzenschwanger, die er sofort begriff: Tiger hetzte durch Nacht, durch Stadt, Soldaten am Tor des schwarzmarmornen Palastes zerriss er, durch! Gänge, Fliesen hinauf, hinunter, Eunuchen, schlaftrunken mit ungeschickten Säbeln schrillkeuchendem Eindringling Entgegenstürzende, hatten Mal, blutig und sechsfach so gross wie rubines Medaillon, schnell und unabwendbar am Hals sitzen, schon war kochender Atem im purpurnen Schlafgemach und siedete es heiss, Lefzen, nass sickernd von schrecklichem Tod, setzten an zu letzter krönender Tat: Dort der Taiko, stark und ekelhaft gereckt, war weinlächelnden Munds in Schlaf und Ahnungslosigkeit, unbewusst pochendes Herz, umtraumt, würde bewusst und wach nie mehr klopfen, Pranken ruhten, zitternd auf bald losschnellenden Hieb. Da erwachte die Geliebte des Fürsten, auf deren schlaff müden Schenkeln eingetrockne-

ter verspritzter Samen des Taiko durch des Tigers siedenden Atem flüssig ward, nun auf der milden Haut des Weibes wie heisses Wasser brannte. Erschreckt fuhr sie auf, letzte Traumfladen wichen sofort, sah den Brennpunkt von den glühenden Augen des Raubtiers und die Gefahr, ergriff laut schreiend den scharfen Dolch des Taiko – anseit der Ruhestatt friedsam liegend – und stürzte sich, selbst mitten im Schrei ganz Raubtier werdend, auf den Tiger, stach, stach, stach, ihre Brüste waren schon zerfetzt, als der Tiger noch immer kaum ernstlich verwundet schien, sie nochmals ausholte mit katzenhafter Tücke, aber grosses Katzenraubtier war tückischer, lohend in Wut Tatze schlug: Wo Liebesbucht ihres Leibs behaart, troff jetzt dunkelrotes Blut, in Tod sich verkrampfend hielt sie noch die grosse schöne weibliche Geste ihres Körpers und ihres Daseins auch im Sterben bereit, doch blutrünstiger Tiger krallte ihr sein Prankenschild schmerzvoll auf die Scham, dass ihr alles verging.

Nun, vom Getöse dieses ungleichen Kampfes erwacht, schrie der Taiko unglaublich laut, rückwärtige Wache, Männer, gepanzert, Kurzschwert gezückt, drangen ein, selbst stark verwundeter Tiger liess nach, sprang Weg zurück, den er gekommen: Teeschale war: So wusste Rikyu auch sein Ende, denn der Taiko, wohl zu mächtig, um die unsichtbaren Zusammenhänge zu erkennen, hatte desto mehr Spürsinn für sichtbare, auf der Oberfläche abspielende laute Ereignisse, ahnte daher sofort, woher plötzlicher Tiger, sich an das seltsame, fürs erste irrsinnig sich anhörende Gebaren des Teemeisters, als das Raubtier rief, sogleich erinnernd, dass dieser nicht von selbst in den Palast eingebrochen: Tiger brüllte draussen, einsam war das Haus, Rikyu stand auf, ging vor die Tür, hingekuschtes Tier drängte Blut an seine Füsse, er gab ihm streichelnde Hand und wusste nun. Dann lief der Tiger sehr langsam, fast matt weg, eine dunkle Spur auf den Kies hinter sich nachkerbend, und verschwand im Wald, der ihn mit gütiger Finsternis umschloss.

Der Garten mit allen erwachenden Blumen schwamm im jungen Meer aufschäumenden Morgenrots, das sich am Horizont

an Berge gattete und Grate mit Blut benetzte.
Als erster Ostwind schon anstrich, hochmütig gebläht, ging er festen Schritts wieder ins Haus hinein, durch, zum Teeraum, setzte Gerät in Ordnung, zuletzt die Schale; sie nun in den kleinen Schrank zurückgebend, sagte er: »Ich ehre dich, hoher Kelch, und bin dir untertan. Nie war in dir schlechter Tee, immer war er erlesen und gut. Und dieser Tee war in mir und hat in mir gewohnt. Dein Tee ist auch jetzt in mir und erfüllet mich ganz, ich selbst bin der Tee des Lebens, das sich nicht bei mir, sondern vor oder auch nach meiner Leiblichkeit, irgendwo fern und unzeitlich vollzieht, vollzogen hat, vollziehen wird. Dein Tee lebt mich, und ich lebe deinen Tee: Das ist mein einziges Wissen. Ich liebe dich, denn du bist mehr als kostbares Porzellan, mehr als alt, du bist, obzwar aus Fernen stammend, Formung heimatlichen Gefühls, Formung heimatlichen Wesens, ja du bist heiliges Nihon selbst, und dazu paart sich letzte Macht: Du versinnbildlichst die Welt, alle Welt vom Aufgang bis zum Niedergang, du bist dem Uneingeweihten die kleine Bewegung, dein grosses Wirken aber ist die Welt um uns, über uns, in uns. Dank dir, Vater, der du Kelch und Welt zugleich gerettet hast, damit uns übrig bleibt, das grosse Werk zu vollenden. O Schale du, sei meinem Herzen gnädig und tu dich kund, so wird meine Seele heil!« Blasse Hand barg die Tasse in sandelholzduftendem Schrein, dann schritt er – wissend, dass die Drei die heilige Zahl sei, die alles, auch ihn beherrsche. Erst der Vater, der wunderzeugend Mutter ward der Porzellanschale, dann ist er, und er, welcher noch kommen wird, fern, unverheissen, steht noch nicht im Buche des Lebens, das überirdisch sichtbar liegt, zwar weiss die Schale noch nichts von ihm, aber er wird kommen, das göttliche Werk krönen, dumpf pochten dunkle Ahnungen an seine Schläfen, doch Hirnsee darunter schlief, und wieder fiel die Drei auf ihn herab: Mit dem Taiko geschah der erste Trunk, dann kam der, einsam, zusammen mit der Heiligen von Porzellan, das war sein Mahl am Vorabend des geahnten letzten Mahles mit den Freunden allen, ja, das wird das dritte sein, der Abschluss und die Vollendung bis zur näch-

sten Wiederkehr, hernach wird herrschen die Vier, die jener erwecken wird und erfüllen, der erst kommen soll, fern, wenn Sonne merklich kühler geworden, und Jahrtausend auf Jahrtausend für Menschen verglüht, die Vier der Auferstehung, und darum ihm noch fremd, vielleicht jetzt auch nahezu feind – von unirdischer Furcht geschüttelt hinaus, in den Garten, liess den warmen Sonnentau durch seine Finger gleiten, war den Blumen und ganzem Garten väterlicher Freund, lange wird er das leise Brausen nicht hören, die farbenperlende Augenmusik nicht mehr schauen, denn Kreissen erfüllte die Luft, schwanger von Rache, Bitternis und Erdentod.
Bald wird Gewitter niederbersten.
Auch guter Vorsatz, den Taiko töten zu wollen, der unbekanntes Gottsein geschmäht, fällt unter entherztes Richtbeil, das unerbittliches Gesetz des Traums furchtbar niedersausen lässt, in ewig gerechter Sühne; Traum ist Gesetz. Das Gesetz.
»Du hast vergessen deine Rache, Rikyu«, schrie eine Stimme irgendwo aus einer entlegenen Muskelfaser heraus ungebärdig im Innern des Teemeisters. Da liess er sein Haupt schwer, wie grösstes Gewicht bei Altarwage im Tempel der Gerechtigkeit und der Richter, sinken, weil er wusste, dass seine Rache nicht Blut sei, nicht Tod, dass seine Rache aber Furchtbarstes, auf Erden noch nie vollzogen, und dass er sie vollbringen sollte.
Dieser Gedanke fing sein Sinnen ein, wie ein Lasso, der von wildem Krieger geschnellt die junge Hirschkuh umstrickt, bis ein grosses Lächeln kam und sein ganzes Gesicht küsste. Da ward er heiter, vergass, was kommen musste, spielte mit allen Blumen, verneigte sich in Anbetung der Lilie, bedauerte, dass er vor dem Lotos des weisen Schaka nicht sich versinnen konnte, jetzt, denn seine Seele war nicht bereit dazu, hauchte der Chrysantheme einen bewundernden Gruss auf ihre Blüte, auf einmal schmerzlich vermissend, dass er nie eine Frau besessen, dass er, knapp vor dem Ende stehend, nicht wusste, was Liebe sei, doch da läuteten die kleinen Glocken, die silbernen, von den Kirschbäumen, der Kumabär kam und sah ihn an, Zikaden zirpten betörend, ewiges Grün war um ihn, höllisch wil-

de Wüstenpferde trabten draussen ausserhalb des Gartens auf
Ebene, die fernem leuchtenden Licht entgegenschoss, so blickte er von Anhöhe um sich, gen Westen trotzten Mauern der
Stadt zu nervösen Wolken empor, und Firmament war gross
gewölbt, da entsprang Lächeln der Landschaft seines Antlitzes,
Abend war seine Miene, Haupt senkte sich, so schritt er hauszu,
empfing den fürstlichen Boten, der ihm eine Kralle des Tigers
als Kundschaft reichte vom Taiko: Tod.
Richtstätte zuckte auf, henkersrot, befehlender höchster Zuschauer und Vorsitzender der peinlichen Richter purpurrot.
Sein Haupt bejahte.
Da reichte ihm der Bote, einen formelhaften sehr höflichen
Satz sprechend, zum Zeichen der Gnade des Herrschers den
gelben Edelstein.
So schlug Rikyu seine Augen voll in die des Boten: Der Taiko,
in unbegreiflicher Gnade, in unendlichem Verzeihen, in unausdenklicher Güte, liess ihn der königlichen Lust der Selbstentleibung teilhaft werden, der Taiko sei gepriesen.
Verklärt kreuzte der Teemeister die Hände über seine Brust,
blieb so, den Blick ins Weite gegossen.
Wiehern des Pferdes galoppierte um den Boten, der hinter Gehügel verschwand.
Er stand und schaute sein Ende.
Allmutter Amaterasu warf, zum Zeichen der Trauer unter den
Göttern, und auch zum Gruss, einen unerhört leuchtend schillernden Bogen – der alle Farben, harmonisch gereiht, harfte –
über den Himmel hin, dass die Menschen sofort wussten: Einer
von ihnen, bestimmt zur Einkehr in die Gefilde der Ewigen,
gehe von hinnen. Ein unbekannter Gott stürzte Stürme in das
Brausen aller Sphären und orgelte die grosse Orgel, die in gewaltigem Brüllen zitternd und gischtend auf den unendlich
stillen Ozean niederschoss und ihn umfing.
Der Ozean kochte hoch, stieg zum Himmel und riss die Sonne
herab – und Ozean war überall.
Als endlich still geworden alle Elemente, hörte man das leise
Weinen Rikyus, der immer noch dort stand, wo er die Botschaft

erhalten hatte, und stehn blieb, lange, bis zum Wunder ewigen Einverständnisses die Sonne finster ward und vor sich den Mond als Schild trug.
Und da waren schon die Freunde und Gefährten, zwölf waren gekommen, in den festlichen Gewändern, nicht grün, trauerfarben trugen sie jene, weiss waren die Kimonos, da breitete Rikyu ihnen die Hände entgegen und schwieg.
Er liess sie vorausgehn und folgte ihnen als Dreizehnter und Letzter, entlang dem Gartenpfade zum Teehaus, ungewöhnlich langsam schritten sie, alle vergegenwärtigten sich noch einmal tiefen Sinn schöner Zeremonie, den ihnen heute zum letzten Mal der Teemeister deuten sollte, auf immer wird dann Schönheit gestorben sein, Heimat wird dorren, immer wird Sonne schwarz, Himmel grau schauen, wenn er nicht mehr sein wird, so gingen sie auf dem Pfad, der, aus der schreiend bösen Welt führend, die erste Stufe zu dem wahren Teeopfer war, allmählicher Übergang zu innerer Erleuchtung.
Und deshalb schritten sie langsam. Schon grüsste der Eingang des Hauses, aus dem Weihrauch sacht hervorwolkte. Trotz Tageslichtes brannten links und rechts je eine Steinlaterne, und eine über der Tür, die nur drei Fuss hoch ging, dieses Gelicht war aber grau, herbstlicher Grabgesang im wollüstigen Schrei der Sonnenlandschaft, aber ja auch die Sonne war verfinstert, grau, und so hielten sie still. Drei von ihnen waren Samurais, entgürteten sich der Schwerter und legten sie unter den Sims des Daches: Frieden wohnt im Hause des Teemeisters. Dann traten sie alle ein. Als Letzter Rikyu.
Als sie im Hause verschwunden waren, liess der Mond von der Sonne ab und ging von ihr. Die Blumen hatten ihre Kelche geschlossen, und die Tiere waren verkrochen. Auch der ganze Himmel war krank und blass.
Im Vorraum warteten sie alle eine kleine Weile, sahen zu, wie der Meister das Teegerät kunstgerecht in Wasser abspülte, dann war Vorhalle weiter, und was noch als beschwerlich abzulegen war, legten sie ab.
Gefasst, und obwohl traurig, doch gehoben, schritten sie ein in

den Teeraum, die Zwölf, Rikyu nicht, und verneigten sich vor dem Tokonoma. In der Vase stak in niegeschauter Anmut die Winde, umhauchte mit schlichtem Dufte den Lackschrein, der die kostbare Schale barg.
Dann kam Rikyu und stellte den Eisenkessel auf die dreibeinige Kohlenpfanne. Alle hockten im Kreise nieder, auf den Matten, dem Teemeister liessen sie den Ehrenplatz. Aus dem eckigen Krug schüttete er Quellwasser, hoch vom Gebirg, in den Kessel, gab ein wenig Salz bei, Blasebalg zischte Flamme an, Flamme züngelte unter Rund, Rikyus Augen waren still, erwartend die drei Grade des Kochens, schon stiegen kleine Blasen, als reckten hungrige Fische ihre Münder aus dem Teiche, nun rollten Kristallperlen, emsig, sie suchten mütterlichen Felsenbrunnen, die kleinen Silberstückchen, am Grunde des Kessels lose gelegen, wirbelten auf, tönten zugleich mit dem Summen des Wassers eine ganze Sinfonie: Katarakte tosten, Meer scholl auf, donnerte ans Gestade in verklingendem Brüllen, Brandung, bald stark, bald leise, barst an den Riffen, von denen alle Sturmschwalben entsetzt abflohen, Hochwald stand in ersterbendem Feuer sehr greiser Sonne, die Tannen, hochgelenkig wie koreanische Königstöchter, sausten zu Tal, begruben den Wildtöter, nun brausten Glocken, vom Tempel, von Pagode, vom Palast, Dreiklang erschlug die Schreie der Möven, Boote kehrten am Abend ermüdet heim, behangen mit vollen Fischnetzen, traurige Mutter, sie legte Ratsche und viele Steine, bunt und abgespült, auf kleines Grab kaum gelebten Kindes, damit der gute freundliche Gott Jizo mit ihm spielen könne, die Wächter an den eisernen Toren des Schlosses hielten stumm ihre bläulichen Speere, hinsank die unglücklich Liebende vor der Statue, der hilfsbereiten, allen Schmerz verstehenden Kwannon und weinte kleine Gebete, auf den Flüssen schwammen papierne Boote, gerieten jetzt in Flammen, zogen tanzend hinunter, meerzu, und vom Strand sah man hinaus, wie überall bis zum Horizont, in den Nachthimmel versickernd, die Boote der Toten brannten, ihnen zu Ehren, selig sind, die reinen Herzens sind, und wie von den Flüssen die sausenden

Flammen ins Meer einströmten, gespenstisch, doch wunderbar schön, und mehr Flammen über Wasser noch wurden, und alles Meer ward, Meer und wieder Meer: Denn die Wogen im Kessel kochten wild, quirlten, schäumten: Dritter Grad war erreicht, Rikyu griff, während die andern noch versunken träumten, zur karminroten Lackbüchse, und der seltenste Tee, wohlriechend, von dem heiligen Uji-Distrikt bei Kioto, ganz weisser Tee entflockte seinen Fingern, schwebte ein in den Dampf des Wassers. Nun fielen sie zu Boden, küssten mit ihren Köpfen die Matten: Heilige Handlung vollzog sich, geheimnisvoll: Aus dem abgeschiedenen Schrein ward der Leib der Schale, blauschwarz, Porzellan, dünner als Glasur von einem sanften Hühnerei, genommen und allen zugewiesen.
Dann floss der liebliche Tee in sie.
Rikyu sass nun selbst still, nahm den Kelch, hob ihn hoch, segnete ihn, trank daraus, segnete ihn wieder, dankte ihnen, die im Teekreis sassen, reichte ihn nun dem Nächsten dar und sprach: »Trinket alle daraus!« Als die Schale einem jeden von ihnen die Zunge gefeuchtet, sie wiederum in seine Hand zurückgelangt war, füllte er sie von neuem, solche Worte schenkend: »Der Kelch ist mein Herz, der Tee ist mein Blut, welches vergossen wird für viele zur Vergeltung der Sünden!« damit goss er allen Inhalt auf die Matte, bogte nun neuerdings das schöne Getränk ein, reichte es reihum, es war die zweite Schale nach dem siebengefalteten Kanon, sie zerbricht die Einsamkeit, sie war leer getrunken, nun hielt er ihnen die dritte hin, die unfruchtbares Gedärm ausspült, nachdem sie auch diese geschlürft, sprach er wieder: »Freunde, sehet her! Ich bin der Weiser zum fernen Leben. Liebet ihr mich, so haltet meine Gebote!«
Nun kredenzte er schon die vierte, Nacht herrschte draussen unumschränkt, auf aller Stirnen perlte kühler Schweiss, leicht, Hirn jedoch geriet in Brand, und einer fragte: »Wie sollen wir deine Gebote halten?«
Stille lag gleich Ewigkeit im Raum. Sich immer mehr verklärender Mund des Teemeisters tönte endlich: »Indem ihr nicht

klaget!« hiemit machte er die fünfte Schale zurecht, liess sie kreisum gehn, erst hatte er getrunken, dann die Freunde, in jedem von ihnen hatte sich innere Reinigung vollzogen, Schweiss war gewichen, Augen bekamen Glanz, ruhten gepaart auf Stirn Rikyus, in Eintracht versammelt, der nun vorherigen Satz, dunkel, weiter erklärte: »Denn wisset und glaubet, ich habe ein ganz anderes Leben gelebt als ihr und alle, was ich gelebt, kann ich mit Worten nicht deuten, nur fühlen kann ich es selbst dunkel bewusst, darum gehe ich heute ein ins Unbekannte, das mir mit entirdischter Seele schon bekannt, noch ehe ich leiblich geboren, ohne Furcht, voller Vertrauen schreite ich voraus, aber nach mir wird einer kommen, fremd seine Sonne, Schnitt der Augen anders, der wird die Kraft haben, auszusprechen, was ich nicht vermochte, wohl aber er« – und hier ward geschwisterliches Augenpaar im Schauen zeitloser Erleuchtung für Moment glanzlos – »wird gemartert werden für seine Worte. Doch über ihm hat Macht die Vier, auch er kann trotz dem Untergang nicht vergehn, ich bin für immer bei euch!« Seine wie schwächer werdenden Hände schütteten fast den letzten Tee aus der Kanne in die jetzt von einem seltsamen Gloriolenschein umstrahlte Schale; es war die sechste Runde, sie ihnen darreichend, sprach er, schon merklich leiser als vorhin: »Darum klaget nicht!«

Und sie tranken, Lippen waren entbittert, Augen, fremd erglänzend, hatten einen matten überirdisch aufdämmernden Strahl, nur der aus des Teemeisters Antlitz war inniger, in ihn schritt mählich Unsterblichkeit ein, die seine Jünger bloss wünschen konnten, früher erlebtes Wunder ward wiederum: Ohren hörten nichts, geräuschlos war Sein.

Nun losch das Feuer unter der Kohlenpfanne, letzter, beinah kalter Tee rann in die Schale, wurde ganz kalt, Rikyu setzte an und trank sie allein leer, denn es war die siebente, die glückliches Tor des ewigen Horeisan erschliesst; als er getrunken, die zwölf andern waren alle unermesslich still, stellte er die Tasse vor sich hin und lächelte geradezu verzückt, durchtobt von dem Wissen, dass hier ganze Welt mit allem Ozean vor ihm

stünde und dass, wenn dieser Kelch zerschelle, ganze Welt hinsinken müsse in unendlichem Sterben, dass er damit auch den Taiko treffe – warum kam der bloss in frechfarbenem Gewand, warum zertrat er nur die Zikade, warum? Das wird seine Rache sein: Welt wankt und birst – damit nahm er die Schale in seine hohle, fürsorgliche Hand, zerdrückte sie, dass sie brach, hob die Zertrümmerte zum Mund, wie man vom Quell Wasser mit gewölbten Händen zu nehmen pflegt, und schluckte ihre Splitter, weicher denn Staub. Dann zerriss er sein Prunkgewand und stand im edeln Totenkleid; noch in letzt ausholend menschlicher Güte lächelnd, gab er einem jeden von seinen Freunden, denen die Augensterne schier vergingen, etwas von den Geräten und Stücken des Teeraums, bis er alles verteilt. Nur der kleine Dolch, unscheinbar, blieb auf Matte, wartend.
Nacht draussen atmete kaum.
Jetzt sprach Rikyu mit vergehender Stimme, ohne dass er sich selbst hörte: »Und nun habe ich euch alles gesagt, ehedenn es geschieht, auf dass, wenn es also geschehn sein wird, ihr glaubet, steht auf und lasset uns von hinnen gehn!«
Da erhoben sie sich, traten aus dem von der nahenden Heiligkeit schon durchschwängerten Raum in den morgenden Garten, Sonne riss eine brandrote Gebärde, der Teemeister blieb allein zurück.
Der Jüngste aus ihrer Mitte warf sich draussen im Vorgemach vor die Tür und wartete, bis es vollbracht wäre, drinnen von Rikyu.
Und es ward vollbracht.
Die unendlich grosse, auch unendlich kleine Parabel: Von Vater auf Sohn schloss sich, und Welt: Teeschale, mit Mandorla umglänzt, in ihm auferstanden, geeint, fest, zarter als geheimer Duft der Kirschenblüte am ersten Morgen, trat vor langsam zersehendes Auge, als sein ganzes Gesicht unirdisch glücklich in grösster, sowie fernster Güte lächelte und sein schon lang zum Letzten bereiter Leib in grenzenlosem Vergehen geweihten Dolch hingebungsvoll küsste.

Der Hase
Eine Erzählung

Ich bin ein alter Straßenkehrer. Ich arbeite nur drei Stunden täglich; denn meine Kräfte sind nicht mehr groß. Daher habe ich viel Zeit; ich will also die Ereignisse meines Lebens niederschreiben. Es mag als Leben eines Straßenkehrers unwichtig erscheinen; dennoch ist es nicht unwichtig. Verzeiht, daß ich nur einfach schreibe. Ich kann keine japanisch gedrehten Sätze formen; auch verstehe ich nichts vom klugen Aufbau der Handlung. Das alles kann ich nicht. Es wäre hier auch nicht notwendig; es ist ein Bericht.

Es war November. Es war ein Wald. Die Bäume standen im rötlichen Schimmer müder Sonne. Nebel gab es noch nicht; nur eine kleine Moosausdünstung, feucht und schwer, verriet die unsommerliche Zeit. Tannen und Fichten rochen nach Harz. Ein Hase, noch jung und neugierig, war seiner Familie entlaufen. Er hatte sich verirrt, weil Nadelbäume und Moos, Moos und Nadelbäume wechselten. Der Hase keuchte. Dunkelheit kam und verlöschte letzte Sonne. Da schleppte sich der Hase noch ein wenig weiter; dann konnte er aber nicht mehr. Er streckte die Läufe von sich und schlief. Der Morgen war hell. Als der Hase erwacht war, sah er Wunderbares: der Wald war zu Ende. Er selbst lag am Saum. Vor ihm eine weite, weite Ebene, grün und grau und gelb. Und rückwärts lagen die Wolken auf der Erde und schliefen. Ängstlich drehte sich der Hase um: da war der Wald, der schwarze Wald. Schnell schaute er wieder auf die Ebene hinaus: sie schien ihm gut, Weib, Mutter zu sein. Der Wald ist schwarz, der Wald ist böse, der Wald ist ein Mann. Und seine Blicke hasteten über das große mütterliche Feld. Da stockte sein Auge, sein linkes Ohr erschrak und schnellte spitz in die Höhe: dort, dort, dort ... lag etwas, in der Mitte, breit und wuchtig. Sein Herz klopfte; er hörte dieses Klopfen, dumpf und schwer. Er war nicht feige, dennoch überlegte sein kleines Hirn, ob er zurückfliehen sollte in die Finsternis des Waldes, der hinter ihm lag wie ein drohendes Ungetüm, oder ob er auf das fremdartige Etwas zugehen sollte. Seine Beine waren flink, flinker noch seine Neugier. Da sprang er: hin lief der Hase über die vergrünten Felder. Größer und größer wurde der Block; er unterschied Linien, Gewölbtes, dann große Löcher, die wie Wasser glänzten. Da hockte er nieder, überlegte, ließ seine Ohren spielen. Sein Herz war noch immer rege; es pochte jedoch schon leiser. Die Augen aber schwammen in einem Meer voll Neugier. Knapp vor ihm waren hohe Stäbe aufgerichtet; dahinter lag geackerte Erde. Er schlich durch den Zaun, lief über den frisch aufgeworfenen Humus und stand vor etwas Hohem, das höher, größer und breiter war als ein Baum. Er legte seine Pfoten vorsichtig an und fühlte kalten Stein. Da war ein Einschnitt, dunkel gewölbt, er nahm Anlauf, und mit einem Satz war er drin, in dem unbekannten Bereich. Hier war der Boden weich und rot; seltsam verwachsene Bäume erschienen ganz unkenntlich; glatt, glänzend, behangen mit fremdartigen Gräsern. An der Decke war kein Himmel sichtbar; trotzdem glitzerte alles und schillerte. Er sprang,- diesmal wohl aus Angst - und stieß an einen Gegenstand, der umfiel und zerbrach. Es klang, als wurden kleine Vögel getötet. In Sehnsucht nach der mütterlichen Haide suchte er einen Ausweg. Er fand keinen. So drückte er sich in eine Ecke, hörte auf das Klopfen seines scheuen Herzens und auf das schnelle Keuchen seiner gehetzten Lunge. Seine Augen suchten unterdessen und fanden nichts. Lärm und Geschrei war zugleich wie eine Erschütterung der Erde. Ein Schlag drohnte durch die Luft, ein fremdes Wesen, nur auf zwei Füßen gehend, stürzte herein. Keuchen erfüllte alle Luft. Gepolter folgte: Rufe, Schreie. Ein zweites Wesen, dem ersten ähnlich, nur ein wenig größer, sprang herein, schrie schrill - so klang kein Tiereslaut - schnellte auf und preßte dem andern die Gurgel. Das eine drängend, das andre sich sträubend, fielen sie beide hin. Da blitzte es in der Luft: in den Fängen des größeren Unwesens sah der entsetzte Hase etwas Langes, Spitzes, wie der Schnabel eines Spechtes. Es sauste nieder, ein Ächzen, ein Röcheln: die rote Ebene ward röter. Ein schweres Keuchen, das in befreites Aufatmen ausströmte, war zu hören. Das eine Wesen ließ von dem anderen und richtete sich empor. Der Hase konnte sich nicht bewegen. Er war gelähmt: die zwei wilden Augenlichter des Wesens, das kein Tier war, nicht Raubtier, nicht gutes Tier, das ein Untier war, starrten entsetzt und groß aufgerissen in die Augen des Hasen. Der Hase zitterte. Gerade das war seine Rettung. Sein zitternder Blick hatte plötzlich den gewölbten Einschnitt erhascht: ein Sprung, bebend zwar, aber doch hoch und weit genug, folgte. Der Hase lief. Der Hase war weg.

Ich bin nicht immer Straßenkehrer gewesen. Einst war ich reich. Das Leben, das ich führte, näher zu beschreiben, wäre unnütz; ich träumte Träume aus Silber und Alabaster. Ich wäre vielleicht auch als Reicher gestorben. Wenn nicht ein höchst seltsames Ereignis mich aus meinem streng abgezirkelten Dasein in die Freiheit des Lebens hinausgeworfen hätte. An einem Novembertage verließ ich mit mehreren Freunden mein Haus; wir gingen, was wir sonst nie taten, zu Fuß in die nahe Stadt. Bei Einbruch der Dämmerung waren wir angelangt. In den Straßen war ein Verkehr, der beinahe tosend war. Die Schaufenster leuchteten wie offene Feuer: so hell. Alle Menschen eilten. Wir gingen in Gruppen, langsam, wir sprachen von gleichgültigen Dingen. Nun waren wir auf der Hauptstraße. Wagen und Menschenverkehr war maßlos laut; hin, her. Manchmal streifte einer der hastenden Fußgänger meinen Rock. Ich sah niemanden, trotzdem Kopf auf Kopf wechselte. Ein Meer von Gesichtern. Da sah ich beiseite, ganz ungefähr, zerstreut: mir stockte der Atem, mein Blut wurde zu Eis, ich konnte nicht weiter. – Er ging vorüber. Ein Mann. Seine Augen schauten mich an; seine Augen schienen Glas zu sein. Er sah ganz gewöhnlich aus; nichts Besonderes war an ihm. Ein Gleichgültiger unter Gleichgültigen des Alltags. Ein Mann der Menge in der Menge. Ich besann mich. Meine Augen sahen schärfer. Da war er schon vorüber. Ich drehte mich um. Verschwunden. Man fragte mich erstaunt: »Warum gehst du nicht? Wen sahst du?« Ich machte eine abwehrende Handbewegung. Ich ging zurück; nichts. Ich ging schneller; nichts. Ich rannte; nichts. Ich hatte meine Freunde verloren. Ich lief die Straße hinauf; ich lief die Straße hinab. Langsam, schnell. Ruhelos. Stunden vergingen. Es war Nacht geworden; späte Nacht. Die Straße war einsam. Nur selten kam ein Mensch. Das Licht leuchtete nicht mehr; bloß Notlaternen brannten. Noch immer ging ich auf und ab. Hohl klangen meine Schritte. Eine Frage kam immer und immer wieder: Wer war dieser Mann? – Warum sah er dich an? Dann lachte ich heiser auf: »Du Tor! Ein Namenloser, ein Mann in der Menge! Ein Gleichgültiger! Zufällig sah er dich an, zufällig sahst du ihn an, zufällig kreuzten sich eure Blicke; Zufall, nichts weiter!« Ich schlug meine Stirn und brüllte: »Tor! Tor!« Ich war müde geworden. Ich lehnte mich an eine Laterne. Mich fröstelte. Nun merkte ich erst, daß ich Hut und Mantel verloren hatte. Kaum hatte ich das recht erfaßt, als schon wieder die Frage nach dem Unbekannten durch mein Hirn tobte. »Wer bist du?!« schrie ich auf. »Herr, ist Ihnen schlecht? darf ich einen Wagen rufen?« hörte ich noch jemanden fragen und sah mich selbst eine bejahende Gebärde machen. Dann wußte ich nichts mehr. Nur fern hörte ich, als riefe einer um Hilfe: Wer? Wer?

Ich wachte auf. Ich war im Bett. Ich war zu Hause. Mein Leibdiener saß im Zimmer. Ich rief: »Hast du ihn gesehen? War er da?« »Nein, Herr!« Ich richtete mich plötzlich auf und starrte dem Diener ins Gesicht: »Du bist ja alt, Jan, du hast weiße Haare!« »Schon immer, Herr, schon immer,« es schien mir, als säße der Alte nur ungern hier an meinem Bett. Ich befahl: »Hinaus!« Er ging. Ich sprang aus dem Bett. Ich riß vom Fenstervorhang die Quaste ab. Ich klingelte. Jan kam. Ich gab ihm eine Ohrfeige. Er stand stramm. Ich hieß ihn gehen. Er ging. Ich kleidete mich an; allein. Ich tauchte mein Gesicht in kaltes Wasser. Ich fühlte eine Leere im Magen. Ich nahm trotzdem kein Frühstück. Ich ging ins Bibliothekszimmer; es war ungeheizt. Ich setzte mich zum Schreibtisch und überlegte. Ich fing an zu lachen. Denn es war ja doch nur ein ganz gewöhnlicher Mann aus der Menge. Ein Unbekannter. Ein Fremder, der mich zufällig ansah. Zufällig, zuf...? Ja, wer war dieser Mann? Es gibt keinen Zufall, nein, nein! Warum sah er mich an? Bin ich ein Hundsfott, daß mich jeder, der an mir zufällig vorübergeht, ansehen kann? Und warum schaute ich, der sonst niemanden auf der Straße anzusehen pflegt, in diesem Augenblick gerade auf und ihm in die Augen?? Ich schlug mit der Faust auf den Tisch: »Ich muß diesen Menschen finden, ich muß wissen, warum er mich angesehen hat!« Ich klingelte. Ein Diener erschien. Ich klingelte nochmals. Ein zweiter Diener erschien. Ich klingelte zum drittenmal. Ein dritter Diener erschien. Und dann gab es Winke, Befehle, Schimpfworte.

Die Tage, die nach jenem Erlebnis folgten, waren unendlich und grauenvoll. Ich ließ Ankündigungen in den Zeitungen erscheinen, Belohnungen aussetzen: Wer war dieser Mann? Wer ist dieser Mann? Alles blieb stumm. In den Nächten war ich allein. Kein Weib lag in meinem Bett. Ich entließ alle Mägde. Ich schickte Diener und Pferdeknechte weg. Ich nahm neue auf. Alle mußten braune Haare haben. Denn ich glaubte mich zu erinnern, daß der Unbekannte braune Haare gehabt hatte. Ich konnte nicht schlafen. Denn das ist kein Schlaf, zu schlafen, um im Schlaf zu wissen, daß man schlafe, daß man unruhig schlafe. Manchmal sprang ich aus dem Bett und lief, dürftig bekleidet, in den Park hinaus. Dort oben waren die Sterne. Viele waren da. Auch dort suchte ich. Immer suche ich. Der Mann! Der Mann! Wer war dieser Mann? Doch die Sterne antworteten nicht. Stille, helle Sterne. Ich lief zum Hafen und betrat die Fischerhütten. Ich warf Geld hin. Man ließ mich schlafen. Ich konnte nicht schlafen. Da lachte ich laut auf, daß es in die schweigende Nacht hineingellte. Einer, der sucht und nicht findet, kann nicht schlafen. Auch dann nicht, wenn er gesund wäre wie jenes schnarchende Fischweib dort, das umlagert ist von ihren Kindern. Denn dann hätte ich die Läuse und Flöhe töten müssen. Ich töte aber keine Tiere. Nie. In diesen Hütten blieb ich kaum zwei Stunden. Dann lief ich wieder weg. Hinaus. Der Hafen war allmächtig und dunkel. Der Hafen war unheimlich. Die Ozeanfahrer und großen Segelschiffe, die vor Anker lagen, warfen drohende Schatten ans Land. Überall grinste mir das Gesicht des Namenlosen entgegen. Schaute ich nach links, so war es da. Schaute ich nach rechts, so war es da. Auch der Mond, der jetzt aus den Sturmwolken hervorkam, konnte meine Verzweiflung nicht töten. Es gibt große Sünden. Es gibt strenge Gesetze und harte Strafen. Nichts aber ist so schrecklich, wie ein Gesicht, das man nicht kennt, zu sehen. Man weiß nichts von ihm. Man weiß nur, es ist da. Wo es ist, weiß niemand. Und ich habe es gesehen. Ganz nahe. Nur weiß ich nicht, wo es ist. Ich will es sehen. Wo bist du? Wo bist du?

Meine Freunde zweifelten an meinem Verstand. Ich warf sie hinaus. Ich wollte niemanden sehen. Der Festsaal meines Hauses war traurig und öde geworden. Die Diener fürchteten mich. Ich war ein strenger Herr. Und oft recht böse. Manchmal auch grausam. Am Tage höhnte ich Gott; des Nachts verfluchte ich mich selbst. Das half alles nichts. Meine Tage waren verflucht. Meine Nächte waren verflucht. Ich selbst verfluchte den Feierabend, an dem ich jenen Unbekannten auf der Straße gesehen hatte. Ich hatte viele Leute gedungen, die mir den Aufenthalt jenes Menschen ausforschen sollten. Es kostete viel. Alles vergebens. Da hielt ich es nicht mehr aus. Ich faßte einen neuen Entschluß. Ich ging auf Reisen.

Als ich in Ägypten ankam, sah ich Wolken um die Pyramiden getürmt. Die Eingeborenen sagten mir, seit tausend Jahren wäre es wieder das erstemal, daß Wolken um die Pyramiden kreisten. Es käme sicher Unglück über das Land. Ich hörte zu und schwieg. Dann dachte ich, ob ich hier nicht zufällig ihn finden würde. In einem Anfall von Wut gegen mich selbst erschlug ich einen der Kameltreiber. Die anderen drohten. Ich gab Gold. Man grüßte mich. Um Gold ist natürlich der Tod käuflich. Nur der eigene nicht. Als es regnete, lachte ich. Meine Kameltreiber beteten. Ich lachte laut, weil ich nicht beten konnte. Man hat noch nie einen Mohammedaner im Gebet gestört. Ich tat es. Hier, in der Wüste, fern von Sodom, aber doch nahe Gomorrha, begriff ich erst die Gewalt des Goldes. Und ich lachte maßlos laut. Dann trieb meine Knute die Frommen auf. Durch die Wüste. Durch die Wüste! Ich wollte immer vom ewigen Horizont umgeben sein. Ich wollte im Wüstensand baden, Sonne trinken und Stürme einatmen. In einer Oase hielten wir Rast. Wochenlang. In der Nähe hausten ein Löwe, eine Löwin und ein Tiger. War der Löwe in der Wüste, brach die Löwin mit dem Tiger die eheliche Treue. Der Löwe merkte nichts, da sich die Löwin allabendlich, bevor er heimkam, in der Quelle abwusch. Das hatte ich belauscht. Aus Unrast tat ich Böses. Du schändest die Natur, du beleidigst Gott, wenn du Tiere zu menschlichen Handlungen verleitest! Eines Tages ließ ich die Quelle mit Steinen vermauern. Die Löwin kam. Die Löwin stutzte. Sie scharrte; sie wühlte die Erde auf. Sie ging auf und ab. Immer schneller. Sie suchte. Auch ich suchte! Ihre Augen funkelten. Ihre Augen wurden glanzlos. Sie keuchte. Sie war abgehetzt und müde. Sie legte sich hin. Der Tiger kam, sah sie und sprang gegen die Mauer. Sein Kopf blutete. Er lief zurück, nahm Anlauf und sprang wieder gegen die Steine. Sie wichen nicht. Zum drittenmal wiederholte der Tiger seinen Versuch; er war schon recht matt. Mit ungeheurer Wucht schnellte er gegen die unbarmherzige Steinwand. Mit zerschmettertem Schädel brach er zusammen und verendete. Liebe und Verzweiflung in den Augen, hatte die Löwin zugeschaut. Beim drittenmal hob sie schwach die linke Tatze; diese war kaum zu Boden gesunken, als ihr Tiger schon tot war. Da trat der Löwe aus dem Gezweig. Erst brüllte er; sie wollte weichen, vermochte es aber nicht. Dann wurde er plötzlich still. Er war geduckt zum Sprung. Seine fragenden Augen suchten Antwort; jetzt bei dem toten Tiger, jetzt bei der zitternden Löwin. Er hob den Kopf; seine Nüstern bebten und sogen fremde Luft ein. Dann sprang er und zerriß sie. Hernach legte er sich in die Mitte zwischen Tiger und Löwin und blieb lange so, den Kopf seinem Weib zugewandt. Bei Anbruch des Morgens lief er still und langsam in die Wüste hinaus. Er kam nicht mehr zurück. Ich dachte lange an dieses große Erlebnis. Ich hatte dabei fast meine Unrast vergessen. Bald hörte ich in der Nacht Geheul; die feigen Wüstenhunde umkreisten die Oase. Da peitschte ich meine Leute und ließ noch in der Nacht für den Tiger und die Löwin ein Steingrab errichten. Am Morgen ergriff wieder Unruhe mein Herz. Ich peitschte abermals die Kameltreiber; wir brachen auf. Durch die Wüste! Ihr Menschen, ihr Kameltreiber! Ihr Tiere, ihr Kamele! In einem arabischen Dorf kam ein Jude zu mir. Er grinste. Ich beachtete ihn nicht, da ich im selben Augenblick gebot, Zelte aufzuschlagen. Er wich nicht. Er flüsterte mir ins Ohr. Nicht wissend, was er von mir wollte, nickte ich zustimmend. Er eilte weg. Als er wiederkam, führte er ein Weib mit. Sie war schön wie ein Tier. Ich schaute auf. Sie sah mir in die Augen, dann senkte sie langsam ihr Haupt. Ich warf dem Kuppler einen Beutel mit Silberlingen zu. Der Alte fiel zu Boden und wollte meine Füsse küssen. Ich gab ihm einen Tritt. Da küßte er voller Inbrunst den Beutel. Ich faßte das Weib an der Hand und ging mit ihr ins Zelt. Ich habe sie nie berührt. Nach Monden brachen wir auf. Das Weib weinte, als ich weiterzog. Ich sah kaum zurück. Einen Augenblick überlegte ich, ob ich ihr mein Katzenfell, gefüllt mit Gold, zuwerfen sollte. Sie folgte mir. Ich ritt an einem Brunnen vorüber. Sie folgte mir. Da warf ich die Goldkatze in das tiefe Wasser. Dann zogen wir wieder durch die Wüste. Eine kleine Karawane. Eine Karawane der Friedlosigkeit und Unrast. Ihr Schluchzen hörte ich noch, als ich nach Wochen in einem afrikanischen Hafenort ein Kauffahrteischiff bestieg.

Lange fuhr ich auf dem Meer. Heulte des Nachts der Sturm, ward ich ruhiger. Nur im Aufruhr der Elemente fand ich Frieden. Aber auch aus dem Wind hörte ich das Wort: Wer? Ich rannte auf Deck auf und ab. Ich stürzte in die Kajüte, ergriff meine Koffer, eilte hinauf und schüttete alles in die See. Dann lachte ich. Es klang tonlos, daß selbst der Sturm betroffen schwieg. Und weit hinaus auf dem nächtlichen Meer wurde das tonlose Gelächter gehört. Meine Unrast war groß. Meine Unrast war so groß, daß ich nicht mehr verzweifeln konnte. Jeder auf dem Schiffe mied mich. Ich war allein mit meinem Gelächter. In Singapur legten wir an. Alle Fahrgäste stiegen aus. Sie schienen sehr zu eilen. Der Kapitän sah mich erwartungsvoll an; ich bemerkte Unruhe in seinem Blick. Diesmal lachte ich nicht, diesmal lächelte ich bloß. Ich zählte langsam, beinah grausam langsam zehn Golddukaten auf den Boden des Decks hin. Dann war Schweigen. Ich blieb. Und wieder segelte das Schiff auf offenem Meer, und wieder war Sturm, und wieder war Gelächter. Tonloses Gelächter. Jeder Nerv in mir zitterte, jeder gebrochene Ton des Windes schrie rauh und grundlos: Wo ist der Mann, der mich ansah? Ich konnte keine Antwort geben. Ich konnte nur lachen. Die Mannschaft gewöhnte sich an mich. So oft wir in den Hafen einbogen, zahlte ich. Darum blieb ich auf dem Schiff. Jahre. Ich habe die Weltmeere nach allen Richtungen durchkreuzt. Ich weiß, das Meer ist groß, weit, ohne Ende. Größer aber und unendlicher ist meine Unrast. Einmal, in einer stürmischen Nacht glaubte ich ihn vorn auf Deck zu sehen. Ich vergaß ihn für einen kurzen Windstoß lang, so gingen mir die Augen über. »Du!« schrie ich, wilder und jauchzender als der brüllende Orkan und stürzte vor. Es war der Steuermann. Ich fiel hin. Als ich aufwachte, waren Wochen vergangen. Ich hatte das gelbe Fieber überstanden. Ich war geschwächt; ich wurde ans Land gebracht. Während ich in dem kleinen Boot dem Hafen zufuhr, bestürzte mich mein Schicksal mit jener furchtbaren Frage. »Wer?« schrie ich laut auf; ein Chinese nickte freundlich. Ich war in Hongkong.

Ich sprach nicht chinesisch. Ich wurde immer verstanden. Gold ist die einzige Völkersprache. Ich kaufte mir einen Palast; seine Einsamkeit tat wohl. Hier lernte ich das Weib der Erde kennen. Ich hatte Sehnsucht, unbewußte Sehnsucht. Fern ahnte ich, daß meine ewige Frage betäubt würde, wenn ich ein Weib fände. Die Augen meines chinesischen Dieners strahlten beim Aussprechen ihres Namens. Ich habe ihn schon vergessen. Er war nicht alltäglich. Nicht alltäglich war auch der Augenblick und der Ort, an dem ich sie zuerst sah. Der Diener verneigte sich, der Diener sprach und ging voraus. Ich folgte. Die Chinesenstadt war abscheulich und märchenhaft. Er ging voraus. Ich folgte. Da breitete sich ein weites Feld aus. Stoppeln standen bestimmt und schmerzten nackte Füße. Viele Leute waren da, große und kleine, junge und alte, gute und böse Chinesen. Sie hatten alle ernste Gesichter. Jetzt fiel mir erst auf, daß nur Männer hier standen. Kein Weib war zu sehen. Die Mitte war leer. Da blieb mein Diener stehen; seine mir zugeneigte Gebärde hieß mich warten. Ich stand und sah geradeaus. Da tönte ein Gong. Alle reckten die Hälse; in den Kreis trat eine Schar. Ein Greis führte sie. Alle wollten ihre Hände erheben und Beifall klatschen; sie ließen sie aber lautlos wieder sinken. Mein Atem ging schwer; ich wußte nicht, warum. Da hob der Greis die Hand und trat beiseite; wir sahen seine Begleiter: Jünglinge; sie waren blind. Sie stellten sich auf, in eine Reihe. Dann standen sie still. Ein Gong schlug. Dann riefen drei Tuben. Und plötzlich trat ein Weib in den Kreis. Alle erhoben ihre Arme und schrien laut. Sie war fast nackt, sprang hoch und tanzte. Langsam. Ich schaute ihr Gesicht; ihren Körper. Sie sah eher europäisch aus, denn asiatisch; ihre Haut war weiß. Ihr Antlitz glich dem unbeschreiblichen südlichen Wind. Volle Ruhe herrschte. Kein Laut war zu hören. Nur ein Gesicht war: ihr Tanz. So tanzte sie, daß jenes graue Stoppelfeld, das sie mit ihren blanken Füßen küßte, einem samtenen Teppich gleich sah. Wir waren stumm und wußten es. Wir konnten uns vor Begeisterung nicht bewegen. Wir waren Stein. Da drang ein Laut aus dem Munde des Greises. Wir schauten auf; wir folgten dem Blick des

Alten. Dieser fiel auf die Jünglinge. In unsern Augen standen Tränen. Der Bann war gewichen. Wir hoben die Arme zum Himmel empor und schrien laut: Die Jünglinge waren sehend geworden. So hatte das Weib der Erde getanzt. Nun weinten sie unbekümmert still und heftig. Mein Diener klopfte an meine Wade, ich erschrak und hörte: »Herr, laßt uns gehen, der Tanz ist zu Ende!« Da neigte ich mein Haupt und folgte dem Diener fassungslos und stumm. Es war ein kurzer Augenblick des Glücks gewesen; ich hatte schier die rohe Frage vergessen: Wer? Wer? Sie klang jetzt wohl mit dem gleichen Wort: Es war aber nicht mehr Bedrängnis und Leid, es war Hoffnung und Ruhe. Tränen standen in den Augen meines Dieners; die Bewegung seiner Hand schien Erfüllung zu verheißen. Dann stand sie vor mir, das Weib der Erde. Ich habe sie sehr geliebt. Was ist es nur, daß ich ihren Namen vergessen habe?

Nur kurz war die Zeit meiner Ruhe. Eines Tages kam sie nicht mehr. Vielleicht hatte sie jemand getötet. Vielleicht hatte einer bloß mich getötet. Finster waren die folgenden Tage. Mein Diener wußte nichts. Ich ließ sie suchen. Nichts. Niemand brachte mir Nachricht von ihr. Auch für Gold nicht. Sie blieb verschollen. Ich war allein. Und wieder kam die alte Frage: Wer? Meine Unrast war mein ewiger Begleiter. Ich bin der Verdammte, weil ich der Gehetzte bin. Gehetzt bin ich, weil ich nicht weiß warum. Und auch nicht weiß diese Frage, die Erde ist und Sturm zugleich: Wer?

Ich zündete meinen Palast an. Er brannte nieder. Als nichts mehr war, lachte ich auf wie damals. Es klang tonlos. Mein Diener schluchzte und ging fort. Wieder war ich allein in der Welt mit meinem Gelächter. Hätte ich geklagt und Asche auf mein Haupt gestreut, es wäre unnütz gewesen. Das wußte ich. So warf ich Gold unter die Leute und machte die Menschen böser, als sie waren. Ich wanderte. Ich war ein Bettler. Ich war ein reicher Bettler. Ich wanderte durch Asien. Ich ging auf ein Schiff. Ich fuhr übers Meer. Ich landete in Australien. Ich wanderte durch Städte, über Gebirg hinweg, durch weite Ebenen. Immer ging jemand mir zur Seite. Meine Unrast und meine Frage: Wer? Des Nachts schlief ich in Einöden, deckte mich mit meinem Gelächter zu. Alle Tiere, auch die wilden, mieden mich.

Die Landstraße führte aus dem Wald hervor und war dunkel. Die ganze Nacht schritt ich durch; gegen Morgen hätte ich gern ein Kruzifix geküßt. Ich hatte aber keines; nur ein zerrissenes schmutziges Tuch und einen harten Knotenstock. Ein Widerstand versperrte mir den Weg. Dumpf pochte ich an das eichene Tor. Hier war unter der Klinke ein wurmstichiges Loch im Holz. Da griff ich an die Stirn, mein Atem ging schneller, meine Augen weiteten sich. Ich pochte laut und ungeduldig. Der Torflügel ging auf. Ich stützte mich auf meinen Knotenstock und sah geradeaus. Das war das Haus. Ein Diener stand da. Er fragte nicht. Einen zerfetzten Gauch braucht auch keiner zu fragen. Man wartet, bis er selbst bittet. Ich schaute lange durch das Dunkel der Tür; dann schritt ich plötzlich fest ein, warf keinen Blick auf den Diener, sah geradeaus, immer geradeaus. Hart und bestimmt sprach ich: »Das ist mein Haus.« Da erkannte mich der Diener an der heftigen Gebärde. Er streckte die Arme empor, drehte sich um, lief und rief: »Der Herr ist gekommen, ihr da hört, unser Herr ist gekommen!« Sie eilten alle herbei und weinten. Da erfaßte mich Ekel. Denn ich, der sie immer geschlagen hatte, ich, der jetzt kam wie ein Landstreicher, ich war der Tränen um mich nicht wert. Mein Auge ward böse. Sie wichen zurück und gehorchten. Ich schritt ein in mein Schloß. Ich wusch mich rein von Schmutz der Landstraße, der Erde und der Jahre. Als ich aus dem Wasser stieg, sah ich mit Verachtung auf das Bündel meiner Demütigung hernieder; dann war ich in neuen Gewändern. Wieder gingen die Diener scheu. Wieder war eine irrsinnig leise Tätigkeit im Hause. In den Gemächern und auf den Gängen war mehr Schatten als Helle. Alle Tage war das so. Ich saß in dem großen schwarzen Zimmer auf dem grün gepolsterten Lehnstuhl. Ich sah starr vor mich hin. Ich träumte allein; es war leblos und still im Raum. Ich hatte einen neuen Willen und eine neue Gewalt. Ich wollte nicht mehr daran denken. Ich wollte nichts denken. Des Nachts saß ich auch auf diesem Stuhl. Die bösen Mächte schienen keine Macht zu haben über den, der da im Grünen saß. Eines Morgens weckte mich eine Fliege aus meinem grenzenlosen Schlaf. Ich schlug zu. Sie fiel tot zu Boden. Ich war plötzlich ganz wach und ängstlich. Ich hatte noch nie ein Tier getötet, und mein Blick erstarrte. Es kam ein Bewußtsein über mich, das nicht schrecklich war und auch nicht gut. Hernach kam mir der Gedanke, daß dieser Mord die frühe Vorausahnung späterer Morde sein müsse. Es war mir auf einmal, als stünde ich in dunkler Nacht am Meeresstrande: Ich hörte den Sturm heulen, aber Nacht lag vor meinen Augen. Ich sah das Meer, das dunkle tobende Meer nicht; ich wußte nur, es war da, ganz nahe. Ich hätte jetzt gern geweint. Ich konnte nicht. Ich wollte lachen. Ich konnte nicht. An diesem Morgen sah ich keine Sonne; nur Nebel drückte sich an die Scheiben und machte den Tag grau. Immer pocht mein Herz im Herbst so bang. Warum nur? Ich saß wie gebrochen im Lehnstuhl und sah vor mich hin. Ich wußte nichts. Ich weiß nichts. Wenn man jenes Wissen, eine Fliege getötet zu haben, als Wissen nehmen will, dann weiß ich viel.

Eines Tages sahen mich die Diener fremd an. Das war ein Tag. Am zweiten blickten sie frech. Ich wies sie zurecht. Sie lachten. Dann trat plötzlich ein Mann mit einer grünen Mütze ins Zimmer. Er nahm aus einem Bündel Papiere ein Schriftstück und reichte es mir. Sein Gesicht war nicht sanft, nicht böse. Er lachte nicht, er weinte nicht. Weder war Unmut noch Zufriedenheit aus seinem Blick zu deuten. Ich nahm das zusammengelegte Papier, entfaltete und las; im Augenblick hatte ich nicht einmal Kraft zum Erstaunen. Dann fiel es nieder. Ich wollte schreien, brachte jedoch keinen Laut über meine bitteren Lippen. Mein Auge sah geradeaus, ins Schwarze des Nichts hinein. Langsam begriff ich: meine Schulden waren größer als mein Besitz. Alles Bargeld erschöpft. Ich war arm. Ich war ohne Haus. Das wußte ich. Ich stand auf und sagte: »Ja!« Dann leiser: »Nehmt, was euer ist.« So ging ich.

Boleslav hauste unweit des Schlosses in einer Köhlerhütte. Langsam schritt ich durch den Wald. Ich hatte keine Gedanken. Ich hatte alles vergessen. Mein Hirn war ausgelöscht. Da stand Boleslav vor mir. Schwarz von Angesicht, den Kittel beschmutzt. Ich hatte ihn früher beschimpft und geschlagen. Jetzt war ich stumm. Denn bitten konnte ich noch nicht. Boleslav fiel nieder und küßte meine Füße. Ich wies auf die Hütte. Er stand auf und ging demütig voraus. In der Hütte brannte ein Feuer. Es roch nach Rauch, Harz, verbrannten Fichtennadeln und Wild. Er machte mir ein Lager zurecht. Nun reichte er mir Fleisch und Obst. Ich schüttelte das Haupt, warf mich auf die Spreu und schlief ein. Im Schlaf hörte ich eintönige Laute, als betete jemand. Ich habe mich nicht gesehen, aber ich muß verzweiflungsvoll und unbewußt aus dem Schlaf gelächelt haben. Am Morgen gab mir Boleslav warme Kuhmilch. Ich trank. Dann ergriff ich seine schmutzigen Hände, küßte sie und weinte. Boleslav schien das nicht fassen zu können, nahezu entsetzt sprang er auf und rief: »Herr, Herr, was tut ihr?« Ich wußte kaum, was ich sprach, doch auf einmal fühlte ich nach langer, langer Zeit eine haltlos freie Seligkeit und immer und immer wieder sagte ich: »Komm, weine mit mir. Weine mit mir, denn es sind viele Jahre vergangen, daß ich nicht mehr geweint habe. Immer wollte ich weinen, aber nie vermochte ichs. Boleslav, gib mir deine Hand! Du bist gut. Ich habe dich geschlagen, tat ich dir weh? Sieh, ich wußte es nicht, sonst hätte ich es nicht getan.« Dann beugte ich mich zu ihm nieder und flüsterte geheimnisvoll: »Weißt du, hätte ich damals weinen können, so hätte ich dich auch nicht geschlagen. Jetzt kann ich weinen! Weißt du, was das heißt?« Meine Stimme erstickte vor Freiheit: »Jetzt kann ich weinen, Boleslav, freue dich, weine mit mir!« Boleslav wußte nicht, wie ihm geschah. Er stammelte ratlos und unbeholfen: »Herr, Herr, Herr . . .« Plötzlich schien ihm etwas einzufallen; er sprang auf und brachte eine Schüssel mit Wasser herbei. Ich tauchte meine Hände ins Wasser und benetzte mir Augen und Stirn. Ein Pferd wieherte in der Nähe. Boleslav lief hinaus. Ich weinte nicht mehr. Denn ein mir neuer Gedanke brach über mich herein: Es gibt Menschen auf der Welt. Nein! das will ich nicht denken. Denn sonst käme abermals jene Frage und früge: Wer? Boleslav trat wieder in die Hütte. Boleslav war ein guter Mensch. Ich blieb.

Ich half dem Köhler und Knecht Boleslav bei der Arbeit. Ich spaltete Holz. Ich blies Feuer an. Ich wusch den Kessel. Ich molk die Kuh. Ich half ihm die Pferde bewachen. Geweint habe ich nach jenem Morgen nicht mehr. Zeit verging. Ob es Jahre oder Stunden waren, wußte ich nicht. Boleslav war nicht mehr unterwürfig zu mir. Manchmal sah ich in seinem Blick etwas Lauerndes, das sogar herrschend wurde, weil meine Augen nicht mehr befahlen. Rief ich: »Boleslav!« so murrte er mitunter. Ja, er wagte es, mich bei meinem verfluchten Namen zu rufen. Die Jahreszeiten wechselten. Meine Haut wurde hart wie Leder. Einmal wollte ich mich auf eines der Pferde schwingen und in den Wald reiten. Da rief mich seine Stimme zurück. Ich hörte nicht. Da lief Boleslav mir nach, zerrte mich an meinem Bein vom Pferd herunter und schlug mich. Voller Wut schlug ich zurück. Wir wälzten uns am Boden. Meine Kräfte waren zu schwach. Er schlug mich lange, bis ich nichts mehr spürte. Dann warf er mich in ein Erdloch, in dem er früher Schweine gehalten hatte. Ich weiß nicht, warum mich Boleslav überfallen hat. Vielleicht hatte er in jenem Augenblick gefühlt, daß ich nicht mehr Herr sei, und alle seine Demut hatte sich in feige Wut verwandelt. Boleslav hielt mich viele Tage in dem Loch eingesperrt. Ich war allein. Nur Erde um mich. Heraus konnte ich nicht, denn die Zauntür war aus starken Ästen gemacht. Doch ich war nicht allein! Auf meiner Hand kroch eine Fliege. Ich sah und sah und sah. Tränen drangen mir aus den Augen, warm und gut. Ich war nicht allein mit der Erde! Eine Fliege war hier, bei mir und teilte mein Leid. Kein Mensch weiß, wie beglückend es ist, im Alleinsein, in der Einsamkeit ein alltägliches Tier zu finden. Ich weiß es. Gute Fliege. Als mir eines Tages Boleslav Wasser und Obst hereinreichte, rief ich leise: »Boleslav.« Da ließ er mich frei. Aus Dankbarkeit machte ich ihm in der Hütte ein großes Feuer an. Am Morgen nahm ich Früchte und gedörrtes Fleisch, hing mir eine tönerne Flasche mit Wasser um, gab Boleslav die Hand und ging.

Da war die kleine Stadt mit dem Rohrbrunnen am Markte. Bei einem Küfer ward ich aufgenommen. Ich las ihm nach Feierabend aus der Bibel vor. Tagsüber half ich seiner Frau, wusch die Kinder und tat Dienst wie eine Magd. Am Sonntag schrieb ich dem Meister die Rechnungen der Woche. So diente ich meinen Mitmenschen für karge Speise und Wohnung. Ich suchte alles zu vergessen. Ich dachte an nichts. Mein Leben war gerecht; wenigstens nicht ungerechter als das der andern. Brannte des Nachts in meiner Kammer die Unschlittkerze, sah ich in die Flamme, lange. Und ich sah Feuer, nichts als Feuer. Nicht mehr traten mir aus der Flamme Schemen, fremde vergessene oder irgendwo verlorene Gestalten entgegen. Keine Frage wollte beantwortet sein. Ich konnte sagen, ich war beinahe frei. Das tat ich auch jede Nacht, statt ein Gebet zu sagen. Dann löschte ich das Licht aus. Leute rannten. Tore und Fenster wurden aufgerissen. Glocken läuteten. Dann wirbelte die Trommel ihre Kriegsweisen. Ich hörte das und lachte, lachte, lachte. Dann schrie ich laut durch das ganze Haus: »Nein, nein, nein!« Ich rannte zum Markt. Ich vertrieb am Rohrbrunnen die Weiber mit meinem Geschrei. Ich lief zurück. Treppauf in meine Kammer. Dort schlug ich eine Scheibe ein. Dann hinunter, dann wieder hinauf. Das Hirn schien mir aus dem Kopf zu weichen, als mein Meister mich fragte: »Wann meldest du dich bei deiner Fahne?« Mein Gelächter war wie Ochsengebrüll; dann ward ich plötzlich still. Ich hörte mich nur atmen. Wieder rannte ich die Holzstiege empor in meine Kammer. Oben sank ich auf mein Bett und sagte immer nur vor mich hin: »Ich will nicht spielen, ich will nicht! Hinweg mit der Karte des Königs! Hinweg!« Dann tönte es an meine Ohren, höhnend und dumpf: »Du mußt, du mußt!« Ich hielt es hier nicht aus. Eine Hand mit Spielkarten sah ich vor meinen Augen auftauchen und wieder verschwinden. Ich stürmte aus dem Haus, lief durch die Stadt in die Felder hinein. Die Karten! Die Karten! Immer im Kreise um die Stadt. Die Hand mit den Karten wich nicht. Der Mond ward hell; der Mond war schon bleich geworden, als ich keuchend wiederum vor dem Hause des Küfers stand und langsam, sehr langsam die Stiege zu meiner Kammer emporkletterte. Ich war müde, fand aber keinen Schlaf. Nur ein lebender Traum schwand nicht. Die Hand kroch herauf wie ein großer mißgestalteter Käfer, ließ die Karten auf meine Bettdecke fallen, und eine Stimme rief, ohne zu tönen: »Spiele!« – »Ich will nicht!« schrie ich auf. – »Du mußt. Der König will es!« und die Karte mit dem König ward riesengroß im Raum. – »Gelobt sei der König, aber ich habe nie Karten gespielt, ich will nicht!!« Die Karten schienen mir auf einmal zu lachen, aber kalt und hart, wie das Lachen des Gesetzes. Es war schrecklicher noch als tonloses Gelächter. So würde das Gesetz gewiß lachen, wollte einer, der zu einer Mordtat vorbestimmt ist, entweichen, mit seinem Leben entweichen wie ein Deserteur, noch ehe er die Tat begangen. Da würde das Gesetz lachen, ohne Geräusch. Auch die äußere Geste würde das Gelächter nicht verraten. Dennoch wüßte jeder: Hier lacht jemand. Genau so lachten jetzt die Karten. Dazwischen drangen Befehle: »Spiele! Auf dieser Seite ist der König; auf deiner der Landsknecht! Hier wird befohlen, dort gehorcht. Gehorche also und spiele mit!« »Nein, nein!« meine Stimme war ganz leise geworden. – »Los!« ertönte es von der Gegenseite. «Hier sind die Karten, du mußt spielen!« – »Muß ich?« fragte nicht ich, sondern eine andere Stimme aus mir heraus. »Du mußt!« Dann sank ich in traumlosen Schlaf. Und die Schritte dröhnten genau und überraschend kurz. Die Trommel klang dumpf. Die Pfeife schrill. Und sie marschierten vorüber. Die Sonne ging auf und schien durchs Fenster. Mürbe und schwach erhob ich mich. Da sank ich wieder zurück aufs Bett. Ein Gedanke wurde übermächtig in mir: War Frieden und alles geordnet, fand ich ihn nicht. Jetzt war Krieg, wo alles durcheinandergeht, wo die Zahl sich auf den Kopf stellt und der Fisch aufs Land springt, die Feldmaus aber ins Wasser; jetzt kannst du auch ihn finden. Du kannst ihn als Krieger finden. Vielleicht wird er dir als Feind gegenüberstehen. Du kannst ihn durchbohren, denn es ist sogar deine Pflicht. Es wird dir befohlen. Er kann aber auch dich töten, denn auch ihm wird es befohlen. Alles gleich. So oder so, in jedem Fall wirst du von ihm frei. »Reicht mir die Karten! Ich spiele!«

Die Erde drehte sich schneller. Stürme und Wolken waren unheimlich. Das Mondlicht schien sonnig, die Sonne kühl wie der Mond. Bäume und Steine waren zerfetzt. In der Luft war Rache ohne Grund. Horizonte bluteten, Gebirge rauchten. Flüsse waren heiß; die Menschen kalt und feindlich. Der Bruder sagte zum Bruder »Satan!« Und hatten doch beide vorher Milch von einer Kuh getrunken. Ich zog mit. Das Schrecklichste, was Menschenaugen sehen können, sah ich. Ich zog mit. Vorne tobten Schlachten. Rückwärts kamen wir noch, als Gehilfen des Arztes; es war hier noch entsetzlicher als vorn. Ich sah das alles; ich hoffte nicht, und ich verzweifelte auch nicht. Wochen vergingen so; Monate. Ein Jahr. Zwei Jahre. Kein Ende, kein Anfang. Städte, Dörfer, Länder wechselten mit Soldatengeschrei, Kugellärm, Verfolgungen. Wohin wir kamen, war Verzweiflung und Tod. Ich habe erlebt. Da saß der alte Mann; bei seiner zerstörten Hütte. Schon vor zwei Jahren war er hier gesessen, als die Russen das Dorf verlassen hatten und wir eingezogen waren. Weib und Kind hatte ihm der Krieg genommen. Sein Haus war tot. Nur er war übrig geblieben, er und seine Kuh. Er saß da und hielt die Kuh an einem Strick. Dann wichen wir. Und kamen wieder durchs Dorf. Noch immer saß er da. Bei seiner Kuh. Manchmal stand er auf und holte ihr Futter. Ohne Dach, bei gutem und schlechtem Wetter saß er da und bewachte sie. Nun saß er wieder da. Bei seiner Kuh. Noch immer an der selben Stelle. Wie oft wohl mögen an ihm Freund und Feind vorübergezogen sein? Heute die, morgen die. Er saß da mit seiner Kuh. Gute und schlechte Menschen marschierten an ihnen vorbei. Die Guten sahen die Zwei an, die Schlechten sahen beiseite. Niemand tat dem Greise etwas; auch nicht seiner Kuh. Ringsherum war Verwüstung und Tod. Nur die beiden blieben. Ein Mensch und ein Tier. Ein Mann und ein weibliches Tier. Als Gewalt des Lebens, als Ruf der unzerstörbaren Natur. Jetzt reichte er seiner Kuh Futter. Sie fraß. Der Alte hatte kindliche Freude; er strich ihr mit der zittrigen Hand kosend über das Fell. Sein Blick war leuchtend und unmenschlich gut. Und dauert der Krieg bis ins Endlose, die beiden werden hier siegen und still auf Hoffnung warten. Sie werden den Krieg überleben. Der Mann und die Kuh. Der Mensch und das Tier. Schwer ging ich weiter. Viele Menschen hatte ich in dieser Zeit gesehen. Menschen vieler Völker; Menschen ohne Hoffart, ohne Trost. Dennoch fand ich nie den, den ich suchte. Immer war ich ruhelos. Meine Kameraden verspotteten mich. Der Feldscher zog mir allabendlich die Mütze mit Gewalt ins Gesicht und lachte mit den anderen unbändig. Ich nicht. Ich verband die Verwundeten und lachte nie. Und das war der Karst. Hier in dem slowenischen Dorf waren wir vor der Schlacht. Ruhig waren die Menschen, als gäbe es keinen Krieg. Bis dann die grausame Nacht kam, die groß in Vernichtung war. Im Sturmschritt rückten wir an. Wir, die Blessiertenträger waren mit vorn. Dann, nach Wochen zogen wir zurück. Das Dorf war nicht mehr. Nur Trümmer und Rauch. Da sah ich das Furchtbare. Von jedem Haus war irgend ein Rest geblieben. Hier eine halbe Wand, dort die Grundmauern, in der Mitte Schutt und Balken. Steine und Holz, Holz und Steine in der qualvollsten Unordnung. Und oben der Himmel. Plötzlich wollte ich aufschreien; der Laut blieb mir im Mund stecken wie ein qualmender Pfahl. Überall, wo vorher die Häuser gestanden, hier und dort, und dort und hier saßen Katzen. Sie rührten sich nicht vom Fleck. Es waren schwarze Katzen, halb verhungert, schwarze Skelette. Nur ihre Augen glommen wie kleine unlebendige Feuer. Sie lebten nicht und waren nicht tot, sie waren tot und lebten doch: Sie waren wahnsinnig. Langsam kletterte ich über die Trümmer. Die Katzen wichen nicht, bewegten sich nicht. Wie stumme, schwarze Anklagen gegen alles Menschliche saßen sie hier und starrten: Die letzten Grundpfeiler des Hauses. Als ich an dem äußersten Schutthaufen vorüberkam, waren mir die Knie schwer wie Blei geworden. Ich wollte nicht aufsehen; dennoch fühlte ich einen Blick auf mich gerichtet und sah in die irren Augen einer Katzenmutter; an ihrem Unterleib lagen zwei Junge. Die Augen der Kleinen blickten ebenso alt und irrsinnig wie die der Mutter. Da warf ich, mit Mühe schneller keuchend, den Tieren ein Stück Brot zu. Sie rührten sich nicht. Ich kam zu meinen Kameraden, wollte ihnen das Entsetzliche erzählen und war – stumm. Sie lachten. Ich schwieg, weil ich schweigen mußte. Dumpf schlug die Trommel, dumpfer schlug die Trommel, der Krieg, der Krieg, er wurde nicht besiegt. Ich verband die Verwundeten und schwieg. Eines Tages, es war im dritten Jahre des Krieges und zur Novemberzeit, gerieten wir in feindliches Feuer. Man verfolgte uns. Wir flohen. Auch ich. Viele hetzten mich. Ich lief über die Felder wie ein Hase. Da spürte ich Schmerz. Schwarz wurde mirs vor den Augen. Ich fiel und blieb liegen. Als ich aufwachte, war alles um mich fremd. Sprache, Menschen, Raum. Ich konnte nicht reden. Langsam faßte ich. Das war ein Bauernhaus im schmutzigen galizischen Dorf. Die Leute waren teilnahmslos gut zu mir. Ein Schuß durch den Hals war meine Verwundung. Sie war leicht. Ich saß vor dem Haus in der Sonne. Nicht weit von mir war Geschrei und Pferdegewieher. Eine Schwadron lag hier im Dorf. Die Tiere hatte man in den Höfen und Ställen der Nachbarhäuser untergebracht. Vor mir lag ein weiter Hof mit einer Tränke. Eben wurden mehrere Pferde hingeführt. Da ertönte ein Hornsignal. Eine Abteilung von Fußtruppen marschierte die Straße herauf. Nun kamen die Soldaten näher, nun waren sie da, nun waren sie vorüber. Da hörte man einen Aufschrei, kurz und freudig. Einer der Soldaten, der unter den Letzten schritt, sprang aus der Reihe, lief zur Tränke, hin zu den Pferden, umhalste eines und drückte seinen Kopf an den Kopf des Tieres. Dieses vergaß zu trinken und wieherte laut. Die Abteilung hielt. Ein Korporal trat an beide heran, an den Mann und an das Pferd. Er fragte barsch. Der Soldat ließ nicht von dem Tier. Tränen strömten über sein schmutziges Gesicht, seine Stimme aber war frisch: »Mein Pferd. Das ist mein Pferd. Vor Jahren, als der Krieg kam, nahm man es mir weg. Hier steh ich auf fremder Erde; hier steht mein Pferd auf fremder Erde und trinkt fremdes Wasser. Nun freuen wir uns beide, daß wir noch leben. Denn unsere Heimat ist weit. Und dies ist mein Pferd!« Das Tier wieherte glücklich; seinen Schweif schlug es hin und her. Nun sah ich in das Gesicht des Soldaten. Ich erkannte ihn und rief: »Boleslav!« Boleslav ließ von dem Pferd ab und blickte nach der Richtung, woher der Ruf gekommen war. Ich hatte die Sprache wiedergefunden, erhob mich und ging auf ihn zu. Da erkannte auch er mich. Er fiel nieder, weinte und sprach: »Herr, Herr, Herr...« er konnte nicht weiter. Dann starrte er plötzlich ins Leere und sagte leise: »Warum erinnert mich in dieser Stunde auf einmal alles an meine Heimat? Ist das ein Zeichen?« Dann rief der Korporal: »Auf!« Boleslav gab mir noch schnell die Hand, umhalste das Pferd, lange, und trat dann schnell in die Reihe. Schon marschierten sie. Das Pferd hatte den Kopf den ihren Weg ziehenden Soldaten zugewandt und blickte ihnen nach, bis sie nicht mehr zu sehen waren. Es blieb noch lange so, ohne Laut. Die andern Pferde tranken. Es trank nicht.

Dann war eines Tages Geschrei. Die Bauern liefen aus ihren Häusern. Die Husaren schlugen aus Freude die Pferde. Dann bliesen Trompeten. Die Trommel klang hell. Der Krieg war aus. Ich schnürte das Bündel. Meine Wunde war geheilt. Ich schenkte den Wirtsleuten mein Bajonett, meinen Lederriemen und meine Soldatenmütze. Ich setzte mir einen Bauernhut auf, aus Bast geflochten, und ging. Ich schloß mich auf der Landstraße andern Soldaten an, die heimzogen. Lange marschierten wir, viele Tage, bis wir zur Bahn gelangten. Die andern freuten sich. Ich war eher bedrückt. Meine Unruhe steigerte sich, je näher wir der Stadt kamen. Und dann war auch diese da, und auch ich war da und stand vor dem Bahnhof. Niemand grüßte mich. Ein Polizist fuhr mich an. »Hier dürfe man nicht herumlungern«, das war der Satz, den ich verstand. Ich ging weiter. Durch die nächsten Straßen. Das war also die Stadt, in der ich vor Jahren jenen furchtbaren Menschen gesehen hatte. Ich blickte den Vorübergehenden frech ins Gesicht. Es nützte nichts, er war nicht darunter. Ich fühlte Hunger. Ich hatte kein Geld. Das letzte, was ich an Essen bei mir gehabt, war aufgezehrt. Daß ich früher einmal reich gewesen, das fiel mir jetzt nicht einmal mehr ein. Irgend ein Spürsinn führte mich zum Rathaus. Ich ging hinein und trat ins Zimmer. Man wies mich in ein zweites. Von dort in ein drittes. Immer so weiter, bis mich im sechzehnten einer eingehender fragte. Ich sagte, ich sei ein entlassener Soldat und kein Deserteur und bäte um Arbeit. »So, also den Feldzug mitgemacht!« ermunterte mich der Mann am Schreibtisch. »Jawohl, an drei Fronten gekämpft,« antwortete ich. »Bravo! daß ihr noch lebt, beweist, daß ihr tapfer gekämpft habt!« »Und ich bin auch verwundet gewesen, ja verwundet,« sagte ich schnell und wies auf meine Narbe. »Das freut mich,« sprach der Beamte, »das freut uns, wir nehmen Euch in unsere Dienste. Ihr seid Straßenkehrer am Novemberplatz. Ihr habt sechs Straßen zu kehren. Eure Nummer ist acht. Hier ist sie. Geht und meldet Euch beim Straßenmeister!« damit reichte er mir eine Karte. Darauf stand groß die Nummer acht. Ich dankte und ging. Aus Freude oder auch aus Verwirrtheit hatte ich meinen schönen galizischen Hut vergessen. Ich wagte nicht mehr zurückzugehn. Nach stundenlangem Herumirren erfragte ich endlich das Zimmer des Straßenmeisters. Ich klopfte und trat ein. Er war nicht da. Ich setzte mich auf eine Bank und wartete. Einen Hut brauchte ich nicht erst abzulegen, da ich keinen mehr hatte. Groß und einfach saß ich da. Endlich kam der Strassenmeister. Ich zeigte meine Karte. Er nahm sie und schrieb etwas darauf und schickte mich damit in den Nebenraum. Dort gab man mir eine Lederschürze, eine schwarze Mütze mit Stadtwappen, eine Schaufel, einen Besen und einen Schubkarren. Dazu drei Kronen als Lohn. Morgen würde ich sieben bekommen, vier Kronen seien für die Schreibgebühren abgezogen, und übrigens sei ja schon später Nachmittag. Ich grüßte mit meiner neuen Mütze etwas umständlich, packte den Wagen, legte Schaufel und Besen darauf. Dann stieß ich ihn vor mir her, hinaus auf die Straße. Jemand rief mir noch nach: »Am Novemberplatz, Haus Nummer vier, im Hintergebäude links unten beim Keller ist Eure Schlafstelle. Dort seid Ihr mit drei andern zusammen!« »Ja, ja,« sagte ich. Der Novemberplatz war nicht weit. Ich fuhr mit meinem Schubkarren die sechs Straßen des Gevierts herauf und herunter. Blieb stehn. In einem Bäckerladen kaufte ich mir ein Laib Brot. Dann kehrte ich. Fuhr weiter. Und blieb abermals stehn. Und kehrte wieder. Ich kehrte absichtlich gewissenhaft und dachte nur an dies. So konnte ich mich wenigstens auf Stunden vor Fragen, vor einer Frage retten, die immer und immer wieder kam. Es war schon Nacht, da war ich gerade fertig geworden. Ich spuckte aus, tat Schaufel und Besen in den Karren. Aus der Tasche nahm ich das Stück Brot, das mir übriggeblieben war und aß es gierig. Dann gab ich dem Karren einen Stoß, und zog ihn hinter mir nach zum Novemberplatz, Haus Nummer vier. Ich fuhr durch den Seiteneingang in den Hinterhof, stellte den Karren an die Mauer und tastete mich in den Keller hinab. Hinter einer Tür hörte ich Männerstimmen. Ich machte auf. Eine Kerze brannte hier auf einem Faß. Drei besoffene Kerle gröhlten und sahen auf mich, der eintrat. »Ich bin der neue Straßenkehrer,« sagte ich, meine

Stimme bewußt erhebend. »Woher kommst du?« »Von der Strasse. Ich habe bis jetzt gekehrt!« »Waaas?« schrien die Männer und sprangen auf. »Bis in die Nacht? Du kehrst zu gut!« Damit drangen sie alle auf mich ein und prügelten mich. Dann lag ich in einer Ecke. Sie in den anderen. Bald schliefen wir.

Die drei Straßenkehrer hatten mit mir Freundschaft geschlossen. Ich kehrte auch ihre Straßen mit. Von früh bis abends. Sie saßen unterdessen in dem Loch und tranken. Ich kehrte gern. Ich kehrte gründlich. Ich sah nichts. Ich hörte nichts. Nur den gewöhnlichen, gleichmäßigen Takt des Kehrens. So dachte ich an nichts. Kam ich abends nach Hause, prügelten sie mich manchmal, manchmal schliefen sie schon den Schlaf der Betrunkenen. Müde schlief ich gleich ein. Nur so hatte ich, mitten in der größten Unrast der Straßen stehend, eine gewisse Ruhe. Eine Ruhe allerdings, die ich in manchen Augenblicken als lauernd fühlte. Aber was machte das. Ich war wenigstens nicht mehr gehetzt. Und das war schon viel. Das war sehr viel. Und ich kehrte und kehrte und kehrte und kehrte. Vierundzwanzig Straßen kehrte ich täglich. Das tat ich nun schon ein ganzes Jahr. Als ich eines Tages nach Hause kam, schrien mich die andern an: »Du bist kein Straßenkehrer! Du bist ein Knecht!« Ich sagte nichts darauf. Mir war alles gleich. »Jawohl, du bist ein Knecht!« Einer trat dicht an mich heran und schlug mir die Faust ins Gesicht: »Du machst uns Schande. Ein richtiger Strassenkehrer muß saufen. Ein richtiger Straßenkehrer säuft!« Plötzlich hatten mich alle umringt: »Du mußt saufen! Los! Sauf auch!« »Sauf!« schrie der, der mir die Faust ins Gesicht geschlagen hatte und hielt mir die Flasche mit Fusel hin. Und ich trank, mit Ekel erst, dann gierig. Bis ich einschlief. »Jetzt ist er erst ein Straßenkehrer,« rief noch eine tiefe Stimme. Dann hörte ich nichts mehr.

Ich trank gut. Ich kehrte gut. So wich der Gedanke immer mehr und mehr von mir. Ich war dreckig. Ich spuckte aus. Ich stritt mit dem Wachmann. Es war ja Sommer. Ich lachte, wenn eine Magd Milch verschüttete. Ich kehrte wie wütend und wirbelte dichten Staub hoch, fuhr ein Gemüse- oder Obstwagen vorüber. Ja, mein Staub wurde geradezu fett, kreuzte ein Konditorjunge mit einer schönen großen Torte meinen reinigenden Weg. Ich rief dem Droschkenkutscher Schimpfworte nach. Ich trank. Ich kehrte. Ich trank. Am Sonntag war es besonders lustig. Da gingen wir vier in eine Schänke und blieben dort von Mittag bis in die Nacht. »Die Straßenkehrer!« riefen die Stammgäste. »Kommt uns kehren!« schrien die Dirnen und lachten. Wir soffen, wir rauften, wir brüllten. Ich spuckte. Ich war roh zu den Weibern. Darum stieg ich in der Achtung meiner Genossen. »Er ist ein echter Straßenkehrer geworden,« lachten sie anerkennend und tranken mir zu. Schon das dritte Jahr war das Leben so. Ich kehrte, soff, schimpfte und spuckte. Zur Herbstzeit war ich zwar immer noch ein wenig unruhig; mir war in diesen Wochen das Herz recht beklommen. Ich hatte auch eine Scheu vor den Polizisten, die ich doch sonst nie fürchtete. Es war mir immer, als würde jeden Augenblick aus dem Dunkel jemand auf mich springen und mich verfolgen wollen. Ich kehrte dann kräftiger und spuckte stärker aus. Ich betrank mich mit Willen. Trotz allem kehrte ich gut.

Es war Abend. Ich schob den Karren vor mir her. Da stand jemand im Weg. Klein und zerlumpt. Es war ein Mädchen. Ich stellte den Karren nieder und trat zu dem Kind. Es weinte heftig. »Warum weinst du?« fragte ich. »Ich habe soviel Läuse und Flöhe.« »Wäscht dich denn niemand?« »Meine Eltern sind tot.« »Was machst du, wo wohnst du?« »Ich bettle auf der Straße.« Da tröstete ich das Mädchen und legte ihm meine Rechte aufs Haupt. Ich hatte keine Angst vor Läusen. »Komm mit mir,« sagte ich und nahm sie bei der Hand, mit der Linken hob ich den Karren und zog ihn hinter mir. Wir gingen recht langsam. Als wir beim Haus auf dem Novemberplatz angelangt waren, hieß ich das Mädchen warten. Ich ging voraus, um zu sehen, was meine Freunde trieben. Sie schliefen schon. Ich kam wieder herauf und zog das Mädchen mit mir herunter. In der Ecke, wo ich zu schlafen pflegte, machte ich ihr ein Lager. Dann legten wir uns schlafen. Sie schlief an meiner Seite. Ich fürchtete die Flöhe nicht. Am Morgen staunten die andern kaum, als sie das Mädchen sahen. Sie hatten Mitleid mit ihm, als ich ihnen erzählte, wer das Kind sei. Sie wuschen sich nicht. Sie überliessen dem Mädchen ihr Waschwasser, das eiskalt im Krug stand. Ich goß es in einen Topf, den ich am Feuer wärmte. Dann entkleidete ich das Kind und wusch es. Einer schnitt ihr die Haare ab, ein anderer gab ihr sein reines Hemd, das er sonst nur zur Weihnachtszeit anzulegen pflegte. Der Dritte kramte in einer Ecke, lange, bis er endlich einen roten Flanellrock hervorzog, den er noch von seinem verstorbenen Weib hatte. Ich reinigte die zerrissene Bluse, so gut es ging. Dann fand sich noch ein alter Mantel, den hing ich ihr um. Einer fragte plötzlich: »Wie heißt du?« »Maria,« antwortete sie scheu. Nun stand sie da und war rein. »Wir wollen würfeln, wer ihr Vater sein soll!« sagte einer. »Ja, laßt uns würfeln!« Wir kauerten uns hin und würfelten. »Eins!« »Drei!« »Sechs!« Ich war noch übrig. Ich warf. »Neun!« »Du sollst Vater sein! Hüte sie gut.« An diesem Morgen tranken sie nicht. Sie gingen sogar an die Arbeit und kehrten selbst. Ich war der letzte, der den Raum verließ. »Vater,« sagte Maria, »du bist wohl schon sehr alt?« »Warum?« fragte ich.

»Deine Haare sind so weiß.« Da griff ich mit den Fingern in meine Haare und riß. Sie waren in meiner Hand. Ich blickte hin. Sie waren weiß. Ich gab keine Antwort und ging hinaus. Ich hatte weniger zu tun. Nie mehr blieben meine Genossen daheim und tranken. Sie hielten ihre rohen Reden und derben Späße zurück. Sie waren gut zu Maria, wie ich gut zu ihr war. Nur am Sonntag gingen wir in die Schänke; als wir heimkamen, schlief das Mädchen schon. Waren wir angeheitert, so machten wir dennoch keinen Lärm, um Maria nicht zu wecken.

Es war November. Ich kehrte. Es war Mittag. Maria würde mir bald das Essen bringen. Ich kehrte. Mitten im größten Verkehr, mitten in der größten Unruhe stand ich da und kehrte. Ruhig. Da schaute ich auf, zufällig. Ein Blick war auf mich gerichtet. Kurz, dann ging er weiter. Er. Der Mann. Seine Augen hatten mich angeschaut. Seine Augen hatten hart geblickt, wie Glas. Er sah ganz gewöhnlich aus. Nichts besonderes war an ihm. Ein Gleichgültiger unter Gleichgültigen des Alltags. Ein Mann der Menge in der Menge. Meine Ohren zitterten. Meine Augen zitterten. Meine Lippen zitterten. Mein Kinn zitterte. Meine Hände zitterten. Meine Knie zitterten. Ich zitterte. Ein Strom drang durch mein Hirn, heiß. Dann ein Gegenstrom, kalt. Da war der, den ich suchte, um dessentwillen ich alt geworden war. Ich wollte vorstürzen. In dem Augenblick, wo er mich ansah, hätte ich es nicht vermocht. Da wäre ich eher geflohen. Denn etwas Zwingendes, Treibendes war in seinem Blick. Nun aber kann ich ihm nachstürzen! Er schaut mich nicht mehr an. Dort geht er. Dort ging er. Er war schon weit. Kaum konnte ich ihn mehr erkennen. »Du sollst mir nicht entkommen!« schrie, lachte, gebot, weinte ich. Du nicht! Ein Leben habe ich auf dich gewartet. Nun sollst du mir Rede stehen, wer du bist. Es gilt. Mein Leben hast du gemordet, nur, weil du mich angesehen hast. Nun bezahlst du mir. Dein Leben für das meine. Dies stürmte auf mich ein, als ich losrannte. Ihm nach! Ich stolperte und fiel. Der Karren. Sofort war ich wieder auf und lief. Er war schon ganz unten, beim Eck der Straße. Ich lief ihm nach. Mein Atem keuchte. Er war um die Ecke. Ich lief schneller. Die Ecke kam näher, sie war da. Ich lief vorüber. Ich sah ihn nicht mehr. Ich hielt inne. Doch ja, dort, dort, dort, er lief ebenfalls. Er war schon ganz oben, bei der Ecke der nächsten Straße. Ich lief wieder. Einige wollten mich aufhalten. Ich stieß sie beiseite. Und lief. Ich hörte schon nicht mehr meine Lungen keuchen, ich hörte nichts mehr. Ich sah bloß. Ich sah ihn, ihn, ihn. Nun kam ich etwas näher. Nun war er aber wieder um die Ecke. Doch nein, du entkommst mir nicht. Diesmal nicht. Auch ich war schon um die Ecke. Da stand er unweit von mir. So unerregt, so sicher. Ruhig. Und sah mich an. Ich blieb plötzlich stehen. Ich mußte stehen bleiben. Ich hörte mich wieder keuchen. Er sah mich noch immer an. Ich verlor allen Mut. Ich wollte zurücklaufen, fliehen. Fliehen, fliehen! Denn jetzt erkannte ich auf einmal sein Gewand; es war grün. Und auf seinem Hut stak eine Feder. Und über seinem Rücken hing ein Gewehr. Das gewahrte ich alles erst jetzt. Das schaute ich jetzt. Er stand ruhig und sah mich an. Sein Blick! sein Blick! Nun wußte ich, wer es war. Es war ein Jäger. Da wandte er sich um und ging weiter. Im selben Augenblick war der Bann von mir gewichen. Ich konnte ihm wieder folgen. Aber ich ging schwer. Mein Hirn war kalt. Ich mußte ihm folgen, das wußte ich. Er ging durch viele Gassen. Ich folgte. Er bog ums Eck. Ich auch. Er ging schneller. Ich auch. Er ging langsamer. Ich auch. Die Straßen wurden einsamer. Noch immer ging er. Ich auch. Die Häuser hatten aufgehört. Er schritt und schritt. Ich auch. Er setzte sich auf einen Stein und rastete. Auch ich. Er stand wieder auf und ging weiter. Auch ich. Es kamen Felder. Wir gingen durch. Es kam Wald. Wir gingen durch. Da, als wir aus dem Wald herausgetreten waren, blieb er plötzlich stehn. Dort unten lag ein Haus. Dahinter waren weite Felder, rückwärts wieder Wald. Der da vorne schritt auf das Haus zu. Ich folgte. Er war schon bald da. Ich schritt schneller aus. Er trat durchs Tor. Ich folgte rasch. Über dem Eingang hing ein Geweih. Auf der Flur hatte der Mann eben sein Gewehr an einen Rechen gehängt, seinen Hut auf einen Nagel, als ich mit Gepolter im Rahmen der Türe stand. Er sah mich an. Doch ich fürchtete mich nicht mehr. Er war kleiner als ich. »Was willst du?« fragte er ruhig. »Dich!« schrie ich und sprang vor. Er wollte mich packen, ich war stärker. Sein Blick machte mich wütend und gab mir Stärke. Ich packte fest zu und drängte ihn durch eine Tür in ein Zimmer. An der Wand hatte ich einen Dolch erblickt, ich ergriff das Messer, noch ehe wir beide zu Boden gefallen waren, und mit meinem Gebrüll seinen Wehruf überschreiend, stach ich es ihm ins Herz. Ich keuchte noch schwer, dann atmete ich auf. Er war tot. Niemand hatte es gesehen. Niemand. Ich war frei. Ich hatte nichts mehr zu suchen. Ich war ein Mensch wie die andern. Nun schnell fort. Ich richtete mich empor. Da überlief es mich kalt. Mir stockte der Atem. Mir gerann das Blut. Meine Augen starrten. Ich konnte mich nicht bewegen. Ich war gelähmt: Ich sah in die entsetzten und groß aufgerissenen Augen eines Hasen. Ich hörte mein Herz klopfen und auch das des Hasen. Der Hase zitterte. Sein Blick zitterte. Plötzlich sprang er und war weg. Ich konnte mich wieder bewegen. Da sah ich, daß ein Fenster offen war. Hin über die vergrünten Felder lief der Hase. Da wußte ich auf einmal, warum er lief. Scheu, den Blick vom Boden der Tat wegwendend, drehte ich mich um und lief aus dem Zimmer, durch die Flur und aus dem Haus heraus. Ich lief. Ich war weg.

Die Straße, der Wald, der Wald, der Wald, der Wald war unendlich. Langsam kam die Dämmerung. Noch immer lief ich. Endlich sah ich Lichter. Ich lief langsamer. Die ersten Häuser kamen schon, nun Straßen. Ich lief nicht mehr. Ich blieb stehn. Ich wischte mir den Schweiß von der Stirn. Ein Finger war blutbespritzt. Ich bückte mich, steckte ihn in warmen Pferdekot und zog ihn wieder heraus. Man sah nichts mehr. Ich war rein vom Blut. Ich ging. Es war schon spät in der Nacht, als ich heimkam. Ich tastete an der Wand. Da standen vier Karren. Sollte das alles ein Traum gewesen sein? Es war finster. Dennoch wußte ich, daß ich lächelte, als ich zu den Meinen eintrat. Sie schnarchten. Ich legte mich hin; in meine Ecke. Ich hörte Maria regelmäßig atmen. Ich wälzte mich auf die linke Seite und schlief unglücklich. Am Morgen fragten mich alle, wo ich gewesen. »Ein Schwindel ergriff mich, ich fiel hin; als ich aufwachte, war ich bei guten Leuten. Ich glaube, es war der Hausmeister von der grünen Villa in der Jägerstraße,« sagte ich matt und wunderte mich im Innern über meine Lüge. »Ja, ja, du wirst alt, Vater,« meinte Maria und reichte mir warmen Kaffee. »Was glaubst du, wie ich erschrak, als ich mit dem Essen kam und dich nicht sah, nur deinen Schubkarren. Eine Stunde habe ich gewartet. Das Essen war kalt geworden. Ich gab es in den Wagen, nahm Schaufel und Besen und zog voller Angst heimwärts.« »Du gutes Kind, du bist so gut, so gut,« sagte ich. »Also auf!« räusperte sich einer der andern, »kehren wir wieder einmal den Dreck des Lebens von der einen auf die andere Seite. Ob so oder so, Dreck bleibt Dreck! Also los, Bruder, kehren wir!« »Ja,« sagte ich und folgte ihnen nach.

Kein Tag war glücklich. Keinen Augenblick fand ich Ruhe. Ich stand und kehrte. Meine Augen hasteten. Meine Ohren hörten, mitten im Lärm der Straße, auf ein leises Geräusch. Ein Geräusch, das so leise ist, weil es vom Tappen kleiner Pfoten kommt. Ich kehrte schlecht. Ich war zerstreut. Ich hörte die Reden Marias nicht. Ich hörte auch nicht die Flüche meiner Genossen. Nichts hörte ich. Nur eines wußte ich, und immer und immer wieder eines: Jemand weiß, jemand war Zeuge, jemand war ein Hase. Ein Hase! Ein Hase! »Hast du nicht den Hasen gesehn?« fragte ich den Kutscher. Der hieb auf die Pferde ein und lachte. Ich war nicht frei. Noch immer nicht frei. Frei wie andere. Solange nicht, bis ich den Hasen gefunden hatte. Ich lief dem Wagen des Kaufmanns nach; da lagen viele Hasen, tot. Vielleicht war auch mein Hase darunter. Ich beugte mich über jedes Tier und sah in die erstarrten Augen. Mein Hase war da nicht. »Du willst wohl stehlen?« brüllte mich der Fuhrmann an, der gerade aus der Schänke herauskam und auf den Kutscherbock stieg. »Nein! ich habe nur meinen Hasen gesucht.« »Weg!« schrie der Mann, schlug nach mir mit der Peitsche und fuhr. Ich schaute vor den Wildläden die hier hängenden Hasen lang und streng an. Ich fand nichts. Ich streichelte Maria nicht mehr; ich hätte an das Hasenfell denken müssen. Ich war unruhig. Ich war sehr unruhig. Ich schlief schlecht. Ich kehrte schlecht. Ich verdaute schlecht. Ich fand nichts. Tage waren nach dem Mord vergangen. Wochen. Ich hatte alle Hasen der Stadt gesehn, tote und bald tote; denn ich war am Dienstag und Freitag schon um vier Uhr früh an der Ostseite der Stadt und wartete auf die Bauern, die mit Hasen zur Stadt fuhren. Meinen Hasen fand ich nicht. Tagsüber stand ich auf der Straße und kehrte schlecht. Fuhr ein Leichenwagen vorüber, hielt ich inne im Kehren und stand stramm wie ein Soldat.

Der Hase lief. Da waren die Felder hinter ihm. Da war wieder der Wald. Sein Dunkel war gut. Der Hase hatte keine Angst mehr vor dem Wald. Denn er verbarg sich hinter Gezweig und wartete. Wartete die ganze Nacht hindurch. Sein kleines Herz pochte, so lang die Nacht war. Am Morgen schlug es schon leiser. Da schlief er ein. Als er aufwachte, hatte er Hunger und und fraß dürre Blätter. Er wagte nicht, sich zu rühren. Vor seinen Augen sah er noch das Furchtbare, die Unwesen. Jetzt liebte er den Wald. Er kroch weiter. Er suchte etwas; er konnte nichts finden. Denn er wußte nicht, wo er hin sollte. Jenes Schreckliche hatte ihm alle Erinnerung an seine Familie ausgelöscht. Er irrte im Wald herum. Aufs Feld traute er sich nicht mehr, denn dort drohte jenes Das. Er blieb nirgends lange; er floh. Er saß nie, er lief. Er wußte nicht, vor wem er floh. Weiter, weiter. Und die Bäume waren da und das Moos. Bis er müde war, daß er nicht mehr weiter konnte, blieb er liegen und schlief ein. So war er, so lebte er und wußte nichts. Eine Eule hielt er für seine Mutter. Einmal lief er doch hinaus, über Felder der Landstraße zu. Da, er wollte zurückfliehen, standen viele Unwesen, nun hatten sie ihn gepackt und hielten ihn fest. Er schloß die Augen und wartete zitternd. Ein lautes Geräusch ertönte, als würden große Tiere brüllen. Da spürte er, daß ihm nichts mehr weh tat; er tastete mit den Pfoten, fühlte Erde und sprang und – lief. Wald. Er war im Wald und schloß erst jetzt seine Lider. So waren seine Augen in Angst gewesen, daß die Lider sich nicht geschlossen hatten; von dem Augenblick, wo er entlief über die weiten, weiten Felder, bis zu dem Augenblick, wo er den Wald betrat. Der Hase hatte jetzt etwas Schreckliches im Blick, so, daß sogar die Giftschlange sich verbarg und von allem Bösen ließ, als sie seine Augen auf sich gerichtet fühlte.

Zwei Stunden vor der Stadt wurde eine Straße gewalzt. Viele mußten dabei helfen. Auch ich. Tag für Tag standen wir draussen und räumten Steine aus dem Weg. Unterdessen verstaubte in der Stadt das Pflaster. Auch meine Genossen halfen mit. Um zwei Uhr brachte uns Maria immer das Mittagsmahl. Da war gerade Rast, und wir warteten am Straßenrand. Auch heute wieder. Auf einmal ertönte Geschrei. Alle liefen zusammen und riefen. Ich erhob mich und schritt langsam dorthin, wo sie mitten auf der Straße standen. Da teilte sich die Menge. Ich sah einige, die einen Hasen festhielten. In diesem Augenblick dachte ich an nichts, nur Mitleid ergriff mich, ich stürzte vor und schrie wild: »Daß mir niemand den Hasen tötet!« Sie erschraken, ließen locker, und der Hase entlief. Dort war er schon, nahe am Wald. Jetzt sprang er und ward nicht mehr gesehen. Ich hatte ihm nachgeschaut, ohne Sinn und ohne Regung, bis er verschwunden war. Plötzlich fiel mir ein: Könnte es nicht mein Hase...? »Hasenheiland, wann wirst du deine Predigt halten?« höhnten mich viele, aus Wut, daß der Hase davon war.

Ich soff. Ich roch nach Schnaps. Ich schlug Maria. Ich schlug meine Genossen und wurde wieder von ihnen geschlagen. Ich kehrte schlecht. Monate vergingen. Maria war weggelaufen. Kaum, daß ich sie vermißt hätte. An Sonntagen rannte ich in den Wald, um den Hasen zu suchen. Als es finster war, kehrte ich heim. Und Schnee lag überall und war höhnisch. Liefe jetzt ein Hase übers Feld, es wäre unheimlich. Da lief ich. Bis wieder die Stadt kam, und bis ich wieder zu Hause war. Und so vergingen viele Monate. Abermals war der Sommer vorüber. Ich haßte den Herbst. Ich hätte ihn töten mögen. Ich saß in der Schänke. Die Dirne an meiner Seite war krank. Ich sah es nicht. Ich saß und trank. Die Dirne trank mit. Da schlug ihr einer das Glas weg, gerade als sie trinken wollte. Ihr Mund blutete. Ich trank und sah nichts. Da schrie mich das Weib an: »Siehst du nicht, daß er dich verspottet?!« Ich spielte, sah einen, der über mich lachte. Ich griff zum Glase und trank. Alles war gleichgültig. Nur der Schnaps nicht. Jetzt packte mich die Dirne, rüttelte und rief: »Du bist ja gar kein Mann, du bist ein Hase!« Ich schaute auf. Meine Augen schlossen sich und öffneten sich wieder. Das Wort traf mich wie ein Schlag. Ich stand auf. Ich lief hinaus. Ich lief. Bis der Wald kam.

Lange Zeit war vergangen. Der Wald war weiß gewesen, dann wurde er grün, nun war er gelb. Der Hase hatte nie Ruhe. Er lief und verbarg sich, war stets gehetzt und fürchtete immer etwas Dunkles. Er war alt geworden, weil er nie rasten konnte. Noch immer hatte er seine starren Augen, noch immer wußte er von seinem früheren Leben nichts. Keine Mutter gab ihm Wärme, kein Vater Sicherheit. Allein war er im alten Walde. Kein Tier paarte sich mit ihm. Alles floh, auch böses Getier, kam der fliehende Hase angerannt. Und er lief und lief, fürchtete die Felder und war im Wald. Manchmal hatte er eine Erinnerung: Das Entsetzliche stieg auf, das eine Unwesen wuchs riesengroß aus dem Moos, dann das zweite, nun fielen sie beide hin – und war ein Tier, ein Reh, das, von den starren Augen des Hasen gescheucht, verwirrt flüchtete. Der Hase war müde. Er wollte nicht mehr die Augen öffnen. Er mußte sie öffnen, er mußte laufen, er mußte fliehen. Er starb nicht. Er lebte und floh.

Als ich den finstern Wald betrat, wußte ich: Meine Seele war hauslos. Die Bäume kamen mir entgegen und wichen zurück. Kein Laut war zu hören. Alle Tiere und Zweige schwiegen. Ich drang durch Gestrüpp und Sträucher. Zum erstenmal taten mir meine Füße wohl. Ich ging auf Moos. Das Moos war gut. Ich hatte Angst, daß draußen die Sonne untergehn könnte. Auch wenn Moos gut ist, will ich nicht hier bleiben, allein mit mir im Wald, den die herankommende Nacht umhalsen wird. Ich fürchte Nächte im Walde. Ich wollte mich jetzt selbst beim Namen rufen, er war aber schon lange vergessen. Ich hatte Angst, auf einmal, vor mir selbst. Ich wußte aus irgend einem verwirrten, aber heftigen Grunde, daß ich heute den Herbst töten würde. Der Wald war groß. Da fing ich plötzlich zu rennen an. Und rannte im Walde. Die Sträucher und Äste zerkratzten mir Gesicht und Hände. Ganz gleich. Ich rannte im Walde. Da lief ein Schatten; quer über den Weg. Der Schatten stand plötzlich still, als hätte ihn der Blitz gerührt. Der Schatten bewegte sich nicht. Ich stand genau so still wie der Schatten. Ich konnte mich nicht rühren. Ich hatte den Schatten erkannt. Der Schatten war ein Hase. Der Hase! Am Auge hatte ich den Hasen erkannt. Er war gelähmt. Seine Augen waren groß und starr. Seine Ohren waren steif und spitz. Sein Blick war entsetzt und irrsinnig. Mein Auge zitterte. Ich sah mich im großen Auge des Hasen, und der Hase sah sich in meinem Auge. Ich sah den Hasen, und der Hase sah mich. Lautlos standen wir einander gegenüber. Eine Ewigkeit lag zwischen uns. Und ein Wald. Alles, mein ganzes Leben fiel mir auf einmal ein, als ich dem Hasen ins Gesicht sah. Am Auge hatte mich der Hase erkannt. In diesem Atemzug sprang ich mit einem Schrei auf ihn, packte seinen Hals und – trotzdem ich als Kind immer geweint hatte, als meine Mutter das Huhn tötete – erwürgte ich den Hasen. Seine Augen waren entsetzlich groß und tot. Ich lachte auf. Meine Finger waren um seinen Hals gekrampft und ließen nicht locker. So trat ich aus dem Wald heraus. Die Sonne ging gerade unter. Ich lief nicht mehr. Ich ging langsam. Als ich die Stadt betrat, brannten schon die Laternen. Meine linke Hand hielt den Hasen. Ich wußte nichts von meiner Linken. Irgendwer schrie aus dem Halbschatten: »Guten Abend, Herr Ha . . « Ich hatte etwas gehört. Nein! nein, das war ja mein Name, den ich schon vor langem vergaß. Nein, es war nichts. Ich lächelte. Ich wußte schon nichts mehr. Die Laterne war grün.

Ich war eingetreten. Da saßen die Polizisten. Sie schauten zu Boden. Plötzlich sahn sie auf. Ich stotterte erst, dann sagte ich fest: »Ich bin ein Mörder.« Eine namenlose Stimme fragte: »Wen haben Sie gemordet?« Ich hob meine Linke mit ihrer Last hoch und sagte: «Diesen Hasen.« Die Gesichter der Polizisten erschienen durch den Qualm breiter, voller. Jemand sprach gütig: »Seht doch, es ist hier etwas nicht in Ordnung in der Natur. Der Hase, den er da in der Linken hält, hat Augenlider wie ein Mensch, und jener Mensch hier hat keine Lider, nur große starre Augen.« Die sachliche Stimme fragte wieder: »Wie heissen Sie?« Mir war es, als fiele ich in ein Meer. Dann sagte ich voller Unmut und heftig: »Wie kann ich das wissen, da ich doch den Hasen getötet habe!« Dann mußte ich plötzlich eingeschlafen sein. Denn als ich aufwachte, lag ich in einem Haus. Und in dem Haus waren die Wände bleich.

Eines Tages war der Wind so gut. Ich trat aus dem Haus heraus und war frei. Die bleichen Wände lagen hinter mir. Ich bekam wieder meinen Schubkarren, meine Mütze und meinen Besen. Ich kehrte wieder.

Ich habe berichtet. Das war mein Leben. Ob es gerecht war, weiß ich nicht. Zufällig schaut man ins Leben. Vielleicht war mein Leben nur ein Leben, das man zwischen dem Erleben lebt. Vielleicht habe ich auch gar kein Leben gelebt, vielleicht war es das Leben eines andern, oder auch das, was niemand erlebt hat. Also ist mein Leben kein Leben gewesen. Ich weiß es nicht. Nun habe ich Ruhe. Ich habe meinen Frieden mit allen Menschen und Hasen gemacht. Ich kehre und frage nicht mehr. Manchmal schaue ich auf und blicke in die flüchtenden Augen vornehmer Frauen, die fragend und schnell auf meine schmalen langen Hände sehn und auf meine arabisch geschwungene Nase.

Zu den Texten

Die in diesen Band aufgenommenen Texte Melchior Vischers hat der Herausgeber aus den ihm bekannt gewordenen Prosaarbeiten ausgewählt. Nicht aufgenommen werden konnten der Schelmenroman *Strolch und Kaiserin* und der Roman *Die Falle,* weil sie bis zur Drucklegung nicht aufgefunden werden konnten. Diese Texte bleiben evt. einer späteren Ausgabe in dieser Reihe vorbehalten. Nicht aufgenommen wurden ferner die kurzen Prosastücke *Das gefährliche Abenteuer* (in: *Das Dreieck,* Jg. 1, H. 2, Okt. 1924, S. 43-45) und *Riemenschneiders Himmelfahrt* (in: *Der Aufstand,* Jg. 1, Mai 1925, H. 1, S. 69 f).

Orthografie und Interpunktion entsprechen den Originaldrukken. Nur offensichtliche Rechtschreib- (indeß, Cafè, Meßner, naße, symetrisch, Tokoma) und Druckfehler (Melchiar, Höldrlein) wurden verbessert. Zahlreiche orthografische Eigenheiten des Autors wurden strikt beibehalten.

Die besondere Anordnung der einzelnen Kapitel in *Sekunde durch Hirn* und *Der Hase* entspricht den Originalausgaben.

Die Anmerkungen zu den Texten wollen erklären und erläutern, was zum besseren, vor allem auch historischen Verständnis erforderlich ist.
Ergänzendes das Thema betreffendes Material anderer Autoren sowie Äußerungen von Zeitgenossen wurden, soweit zugänglich, mit aufgenommen.
Auf interpretierende Anmerkungen wurde grundsätzlich verzichtet.

Der Herausgeber dankt dem Deutschen Literaturarchiv im Schiller-Nationalmuseum in Marbach am Neckar und seinen Mitarbeitern für freundliche Unterstützung in der Ermittlung von Nachweisen. Dem Info-Dienst des Bibliographischen Instituts AG in Mannheim dankt der Herausgeber für prompte Hilfe bei der Erstellung einer vorerst rudimentären Melchior Vischer-Bibliografie. Herr Valentine Nijilski von der sowjetischen

Botschaft in Kabul bemühte sich um den Münnich-Komplex, wofür ihm der Herausgeber herzlich dankt. Herrn Jes Petersen dankt der Herausgeber für einige wichtige biografische Details aus der Zeit nach dem zweiten Weltkrieg.

ANMERKUNGEN ZU DEN TEXTEN

Der Schogun
Druckvorlage: *Das Riff,* Jg. 1, 1920, Heft 4, S. 144-148. Verlagsanstalt Das Riff, Bratislava (Preßburg), Donaugasse Nr. 19; Herausgeber: Richard Meßleny.

Der Text *Der Schogun* ist Vischers wahrscheinlich erstem Buch – *Wasuru* – Japanische Novellen – entnommen, das vermutlich nie als Ganzes publiziert wurde. Bei Veröffentlichung von *Der Schogun* im Riff war *Sekunde durch Hirn* (1920) noch nicht erschienen. In einer Fußnote zum *Schogun* heißt es: »Die Satire des Verfassers *Sekunde durch Hirn* erscheint demnächst im Verlag Paul Stegemann (sic!), Hannover, in der Sammlung: Die Silbergäule.«

Schogun = Kronfeldherr im japanischen Staatsgefüge, an dessen Spitze der Kaiser (Mikado) stand, der jedoch vom Volk völlig abgeschlossen lebte. Der Schogun übte die volle Regierungsgewalt aus.

Simon von Kyrene
Druckvorlage: *Deutsche Erzähler aus der Tschechoslowakei.* Ein Sammelbuch. Herausgegeben und eingeleitet von Otto Pick. Heris-Verlag, Reichenberg 1922, S. 326-355.

Der Text ist datiert: 1920.

Simon von Kyrene = Der Jude, der gezwungen wurde, das Kreuz Jesu zu tragen. »Und zwangen einen, der vorüberging, mit Namen Simon von Kyrene, der vom Felde kam (der ein Vater war des Alexander und Rufus), daß er ihm das Kreuz trüge.« (Markus 15, 21).

Der Text *Simon von Kyrene* gehört aufgrund der Motiv- und Handlungsparallelen zum Umkreis von *Sekunde durch Hirn*.

Sekunde durch Hirn
Druckvorlage: Faksimiledruck im verlag petersen press, berlin 1964. Bibliografische Angaben zur Originalausgabe und zu den Faksimiledrucken siehe Bibliografie der Werke in Buchform.

Auszüge aus dem Roman wurden veröffentlicht in: *Der Marstall*, Zeit- und Streit-Schrift des Verlages Paul Steegemann, Heft 1/2, 1920, S. 42-46. Es handelt sich um den *Pro und Epilog* sowie sieben *Stücke aus dem Roman*.
Unter Vernachlässigung der kursiv gesetzten Passagen druckt Paul Pörtner nach der Vorlage des *Marstall*-Abdrucks von 1920 zwei kurze Auszüge aus *Sekunde durch Hirn* ab in: *Literatur-Revolution 1910 – 1925*. Dokumente – Manifeste – Programme. Band II, Zur Begriffsbestimmung der Ismen. Hermann Luchterhand Verlag, Neuwied am Rhein, Berlin-Spandau 1961, S. 532.

Die auf dem von Kurt Schwitters gezeichneten Umschlag angegebene Auflagenhöhe von 400000 Exemplaren ist dadaistisch übertrieben. Das Buch erschien in einer ersten Auflage von 3000 Stück.

Vielleicht ist es unfair, Melchior Vischers Dadaroman *Sekunde durch Hirn* in die Nähe des Fast-Trivialromans *Ein verbummelter Student* (1917) des schlagenden und geschlagenen, im Feld früh gefallenen ›alten Herrn‹ Gustav Sack zu rücken. Doch die im Zeitraffertempo zurückgelegten Reisen, die kosmischen Implikationen, das christliche Engagement und das buddhistische Ziel, die Verrichtung niederer Arbeiten, die Fluchtszenen und das Nicht-entscheiden-können zwischen Sinn und Sinnlosigkeit lassen doch einen Vergleich dieser beiden Prosawerke im Thematischen zu. Sacks unordentlicher Bericht ›einer selig-unseligen Liebe und einem unsteten Leben‹ (Oskar Loerke, *Die neue Rundschau*, 1918, S. 1235f.) kann jedoch nach formalen Gesichtspunkten betrachtet den Vergleich mit Vischers straff konzipiertem Text nicht antreten.

Walter Steinbach schreibt in seinem Aufsatz *Der Dichter Melchior Vischer* über *Sekunde durch Hirn* (im Zeitungsausschnitt-Archiv des Deutschen Literaturarchivs in Marbach; Quelle und Datum unbekannt): »Der Krieg und seine Nachwehen erweckten in ihm einen Ankläger gegen die Mechanisierung des Seelischen. Die Schreckensbilder, die an dem jungen Feldzugsteilnehmer vorbeigerollt waren, ließen ihn ein grauses Hohngelächter anstimmen über diese ›beste aller Welten‹. Das Ergebnis solcher eruptiven Verzweiflung wurde sein erstes Buch: der Roman *Sekunde durch Hirn*; ein ungezügelter, besinnungsloser Aufschrei nach Erlösung, ein Dokument des Wahnsinns aus Tagen der Not und Entsagung. Somit war die Basis gefunden, auf der ein eigen schöpferisches Können aufgerichtet werden durfte.«

In der Zeit- und Streit-Schrift des Verlages Paul Steegemann *Der Marstall* erschien 1920 im Heft 1/2, Seite 17 folgende Verlagsanzeige: »SEKUNDE DURCH HIRN SECHS MARK DER PRACHTVOLLSTE SCHUNDROMAN ALLER ZEITEN DAS LIEBLINGSBUCH DER LITTERARISCH GEBILDETEN BAND 59/61 DIESES WERK DES HERRN VISCHER AUS PRAG STROTZT VON GEMEINHEIT UND UNZUCHT SIE MÜSSEN ES LESEN« Der Rezensent Victor Klages schrieb in der Bremer Weser-Zeitung vom 27. Juni 1920 folgenden offenen Brief an den Verleger Paul Steegemann:
Ein Protest:
Sekunde durch Hirn. Ein unheimlich schnell rotierender Roman. Von Melchior Vischer.
Sehr geehrter Herr Verleger!
Sie sind Optimist, wie Sie mir schrieben, nachdem ich einige

andere Bücher ihres Verlages »verrissen« hatte. Ich glaube Ihnen aufs Wort, denn wären Sie's nicht, so würden Sie kaum diesen hanebüchenen Dada-Roman mir auf den Tisch gelegt haben. Soll ich Phrasen machen um die Sekunde, die durch das – höchst problematische – Hirn des Herrn Vischer schnellte? Verlangen Sie nicht zuviel von mir! Man hat sein Niveau. Ebensogut wie diese Kinderei könnte ich das Kunterbunt des Nähkastens einer Hausmutter oder die ersten Schmierversuche eines dreijährigen Knäbleins besprechen, und das liegt mir wirklich nicht. Aber die Frage ist wohl erlaubt: was bezwecken Sie eigentlich mit diesen Veröffentlichungen? Das Geschäft geht. Nun wohl! Es gibt Menschen, die mit kurzer Handbewegung auf das make money hindeuten, doch bin ich nicht leichtgläubig genug, um darin, bei Verlegern sowohl wie bei Dada-Poeten, den letzten Grund der Betätigung zu sehen. Unlängst hatte ich Gelegenheit, die Voltigen der französischen Herren Picabia und Tzara kennenzulernen, und ich meine: die gebärden sich eindeutiger. Wenn überhaupt Sinn und Absicht im Dadaismus wirken, so sind sie, meines Erachtens, politischer Natur. Der »häufig wiederholte Blödsinn«, den auch Herr Vischer zitiert, soll vielleicht etwas ähnliches sein wie literarische Avantgarde des Kommunismus; man will das Publikum meschugge machen, um drüberhertrampeln zu können. Lachen Sie? Wehren Sie ab? Schön, dann zaubern Sie all Ihren Lieblingsschriftstellern den Grund unter den Füßen weg, den diese im Notfall noch gehabt hätten. Dann ist der Stumpfsinn offenbar, und die »wundervolle« Einbanddecke, die mein ehemaliger Schulfreund Kurt Schwitters für Ihr neuestes Opus gezeichnet hat, gewinnt symbolische Dada-Bedeutung: kopfüber stürzt ein Idiot zwischen Regenschirmen (oder Maurerkellen?) in eine Pfütze. Sie haben in Ihrem Verlage auch Leute wie Heinrich Mann, Carl Hauptmann, Kurt Martens, Klabund, Otto Flake und Kasimir Edschmid. Ich hoffe, daß Sie, Herr Verleger, nicht mitstürzen, sondern sich eines Fallschirms bedienen werden, der Sie sanft am Ufer mitteleuropäischer Vernunft absetzt. Der Optimismus hat auf mich übergegriffen, und dafür bin ich Ihnen sehr verbunden, registriere es auch gern als aussergewöhnlichen Erfolg eines Dada-Romans. Hatten Sie etwas anderes erwartet? Nun, die Gehirnkatastrophe, die zu beobachten Ihnen versagt blieb, können Sie jederzeit in allernächster Nähe studieren. Verzeihen Sie diesen Hinweis – er ist freundlich gemeint – und nehmen Sie die Versicherung meiner vorzüglichen Hochachtung.

Victor Klages

Der Teemeister
Druckvorlage: *Der Teemeister,* Hellerau, Jakob Hegner 1922. Die Vorlage für diese Ausgabe wurde freundlicherweise von Gerhard Rühm zur Verfügung gestellt.

Die runenartig anmutende Schrift der Originalausgabe, die entfernt auch ans Hebräische erinnert, wurde von Georg Mendelssohn in Hellerau in Stahl geschnitten und für die Ausgabe des Teemeisters zum erstenmal verwendet. »Den Guß besorgte die Schriftgießerei der Brüder Butter in Dresden-N. Satz und Druck wurden bei Jakob Hegner, Hellerau, hergestellt.«

Der Teemeister entstand etwa 1920. In einem undatierten Brief aus dem Jahre 1922 schreibt Melchior Vischer an Hermann Hesse: »... ich habe mir erlaubt, Ihnen mein neues Buch *Der Teemeister,* das soeben bei Hegner in Hellerau erschienen ist, zuzuschicken. Es werden in Kürze in rascher Folge noch drei Bücher von mir – ebenfalls alle bei Hegner – erscheinen: ein kleiner, schlichter Roman *Der Hase* (*Der Teemeister* liegt schon fast zwei Jahre zurück) und zwei Schauspiele...«

Walter Steinbach schreibt in seinem Aufsatz *Der Dichter Melchior Vischer* über den *Teemeister* (im Zeitungsausschnitt-Archiv des Deutschen Literaturarchivs in Marbach; Quelle und Datum unbekannt): »Denn diese Legende aus dem altjapanischen Ritus bedeutet letzten Endes nichts anderes als die Verkündung geklärten Geistes, als das Evangelium wesenloser Menschlichkeit. Der Kampf der rohen, schändenden Gewalt, die sich im Taiko verkörpert, zerbricht am Opfertode Rikyus, des Teeheilands; zerbricht mit der geweihten Schale, die allein die auserwählten Jünger berühren dürfen. Dieses Spiel ist auf einen zart schwingenden Rhythmus abgestimmt, der das dramatische Geschehnis umschwebt. Der Himmel und das Meer, der Garten und der Wald, Blumen und Sterne werden lebendig im Klang der Worte.«

Okakura Kakuzo (1862 - 1913), japanischer Kunsthistoriker und Schriftsteller. Sein *Buch vom Tee* (The book of tea, 1906, übertragen von Horst Hammitzsch, Wiesbaden 1949, 1951^2, 1966^3), in dem das Leben Rikyûs geschildert wird, diente Melchior Vischer wahrscheinlich als Vorlage für den *Teemeister*. Im selben Jahr wie der *Teemeister* (1922) erscheint im Inselverlag in Leipzig in deutscher Sprache Okakura Kakuzos Werk *Die Ideale des Ostens*, eine Einführung in die Geschichte der japanischen Kultur.

Rikyu = Sen Sôeki Rikyû (eigentlicher Name Tanaka) (1522 - 1591). Ein Großmeister des Teeweges. Im Japan des 16. Jahrhunderts wurde der Teeweg fast so etwas wie ein politisches Instrument. Die Herrscher wählten sich ihre Teemeister und machten sie zu ihren Beratern in allen Tee-Angelegenheiten, oft auch zu Beratern in politischen Fragen. Sie bekamen ihrer Stellung entsprechend ein Lehen zuerkannt, das ihnen oft beträchtlichen Reichtum verschaffte.

»Am 28. Tage des 2. Monats im Jahre 1591 endete RIKYÛ sein Leben durch ›seppuku‹, den ritterlichen Freitod, den HIDEYOSHI über ihn verhängt hatte. Der Grund, daß er bei HIDEYOSHI in Ungnade fiel, läßt sich nicht eindeutig herausfinden. Im allgemeinen geben die verschiedenen Berichte an, daß RIKYÛ bei der Wiederinstandsetzung des Haupttores des Daitoku-Tempels ein Standbild von sich aufstellen ließ und HIDEYOSHI, darüber erzürnt, ihn verurteilte. Andere Versionen, daß

RIKYÛ beim An- und Verkauf von Tee-Gerät den eignen Vorteil voranstellte oder daß HIDEYOSHIs Annäherung von der Tochter des RIKYÛ eine Ablehnung erfuhr, waren wohl mehr Gerüchte der Zeit. Wahrscheinlicher ist, daß die Ungnade einen tieferen Grund hatte, der auf der politischen Ebene zu suchen ist ... HIDEYOSHI strebte nach Macht. Dieses Streben mag so manches Ideal des Tee-Weges, den RIKYÛ vertrat, beiseitegeschoben haben. Wir hören im *Nambôroku,* daß eine Anhäufung von Kraft die Wahrheit nicht aufkommen läßt. Auf diese Weise geht der Kern der Tee-Lehre verloren. Und da bei RIKYÛ sein WEG den ganzen Menschen einnahm, mag diese Aussage auch für das politische Spiel gelten. Es mag dem Meister dann als der einzige Ausweg geblieben sein, die letzte Folgerung zu ziehen. Auffällig bleibt jedenfalls, daß HIDEYOSHI dem Tee-Meister auch nach dessen Tode die größte Wertschätzung bewahrt hat. RIKYÛs letzte Ruhestätte befindet sich im Jûkôin des Daitoku-Tempels.« (Horst Hammitzsch, *Cha-Do, Der Tee-Weg,* München-Planegg 1958, S. 88-90). Die Rikyû-Schule der Teezubereitung besteht in der 16. Generation heute noch.
Das durch und durch feindschaftliche Verhältnis zwischen Rikyû und dem Taiko in Vischers *Teemeister* entspricht nicht den historischen Tatsachen.
Tokonoma = Bildnische im Tee-Raum. Die Blumen in der ›tokonoma‹ bilden den einzigen Schmuck des Raumes. Rikyû hatte in seiner ›tokonoma‹ anstatt des Bildes eine Schriftrolle mit einem Gedicht des Hideyoshi hängen.
Taiko = Herrscher Toyotomi Hideyoshi (1535 – 1598).
Lu Yü = Der chinesische Pionier des Teeweges (? – 804). Sein dreibändiges Werk *Ch'a-ching (Buch vom Tee),* um das Jahr 772 entstanden, gilt als das klassische Werk über den Tee und die Art ihn zu trinken. Es werden darin schon Geräte erwähnt, die später in ähnlicher Form bei der japanischen Tee-Zeremonie Verwendung finden. Spätere Generationen haben Lu Yü zum Gott des Tees erhoben.
Die ›mehr als tausend Jahre‹ alte Teeschale des Lu Yü, die Vischer am Anfang der Erzählung erwähnt, kann, wenn man die

Todesjahre von Lu Yü und Rikyû zugrunde legt, nur etwa 780 Jahre alt sein.

... die Windenblüte in der Hand... Vielleicht bezieht sich diese Stelle auf folgende überlieferte Geschichte: Hideyoshi hatte davon gehört, daß Rikyû in seinem Garten wundervolle Winden zog, von deren Pracht ein jeder zu erzählen wußte. So wollte auch er diese Blütenpracht sehen und ließ Rikyû von der Absicht seines Besuches wissen. Er kam und betrat den Garten des Rikyû. Nicht eine einzige Winde war zu sehen. Erst als er den Tee-Raum betrat, da fand er in der Bildnische eine einzige Windenblüte von auserlesenster Schönheit. Rikyû hatte am frühen Morgen alle Winden seines Gartens herausgerissen und nur diese einzige Blüte bewahrt.

... vergewaltigter Zweig... Die Vermutung liegt nahe, daß Vischer folgende Überlieferung vor Augen hatte: Eines Tages befahl Hideyoshi den Meister Rikyû zu sich. Vor ihm stand eine goldene Schale, mit Wasser gefüllt. Daneben lag ein einzelner Zweig roter Pflaumenblüten. »Ordne diese an«, befahl Hideyoshi. Rikyû ließ sich nieder und ergriff, ohne auch nur einen Augenblick zu zögern, den Zweig mit der einen Hand und streifte mit der anderen die Blüten so ab, daß sie auf die Wasseroberfläche fielen. Die auf dem Wasser treibenden Blütenblätter und Knospen boten einen unbeschreiblich schönen Anblick. Selbst Hideyoshi rief bewundernd aus: »Da wollte ich nun meines Rikyû bekümmertes Gesicht sehen, aber es blieb unbekümmert!« (Diese und die vorhergehende Geschichte wird mitgeteilt von Horst Hammitzsch in: *Cha-Do, Der Tee-Weg,* München-Planegg 1958, S. 92f.).

... karg schmale Tür... Rikyû, in gewissem Sinne japanischer Frühsozialist, revolutionierte die herkömmliche Teezeremonie in vielen Punkten. So schaffte er auch den für hochstehende Personen bisher vorgesehenen besonderen Eingang zum Teeraum, den kijinguchi, ab und ersetzte ihn durch einen niederen Eingang, den nijiriguchi, durch den man nur in gebeugter Körperhaltung schreiten konnte.

... hauchte der Chrysantheme einen bewundernden Gruß... Hier

irrt Melchior Vischer. Die Chrysantheme und die Bitterwurz waren beides Blumen, die Rikyû nach der Überlieferung nicht schätzte, da sie, abgeschnitten, zu lange Zeit frisch bleiben und weder die Schönheit des Augenblicks symbolisieren noch die Begrenztheit und Vergänglichkeit des Lebens.
Drei von ihnen waren Samurais, entgürteten sich der Schwerter.. In der Zeit politischer Unruhen fanden sich bei Rikyû oft bedeutende mit Schwertern umgürtete Krieger als Gäste bei der Teezeremonie ein. Dies war nicht im Sinne des Teeweges, so wie ihn Rikyû sich vorstellte. Er erfand deshalb eine Schwertablage neben dem Eingang zum Teeraum und ersuchte seine bewaffneten Gäste die Schwerter dort abzulegen und dann sich am Tee zu erfreuen.
. . . nach dem siebengefalteten Kanon . . . Die als »shûun'anhekisho« bekannten sieben Teeregeln, die Rikyû und sein Schüler Nambô Sôkei gemeinsam verfaßten und auf die Wand der Shûun-Klause im Nanshû-Tempel von Sakai, der Geburtsstadt Rikyûs, niederschrieben.

Der Hase
Druckvorlage: *Der Hase.* Eine Erzählung. Hellerau, Jakob Hegner 1922. Diese auf ›Wasserlinien‹-Bütten gedruckte Erzählung erschien, zwar im selben Jahr, zeitlich aber nach dem *Teemeister* (Verlagshinweis am Ende des Buches!). Aufgrund des Hinweises in Vischers Brief an Hermann Hesse (siehe Anmerkungen zum *Teemeister)* und stilanalytischer Vergleiche liegen zwischen der Niederschrift des *Teemeisters* und des *Hasen* etwa eineinhalb Jahre.

Sowohl die Schlichtheit der Sprache als auch bis ins Einzelne gehende Parallelen lassen die Vermutung aufkommen, daß Vischer zu seiner Erzählung vom *Roman du Lièvre* (1902) von Francis Jammes angeregt worden ist. Die permanente Angst vor dem Dunkeln, das feuchte und schwere Moos, die immer offenen, starren, glasartigen Augen, die Ruhelosigkeit und das fluchtartige Umherirren im Wald sind durchgehende Motive in beiden Werken. Fast deckungsgleich wird bei Jammes und Vischer der Tod des Hasen geschildert: »Il cria. Les doigts d'un chasseur le serraient à la gorge, l'ètranglaient, l'étouffaient.«/ »In diesem Atemzug sprang ich mit einem Schrei auf ihn, packte seinen Hals und . . . erwürgte den Hasen.« Wo aber Jammes in seinem franziskanischen Tiermitleid den Roman mit einer allesversöhnenden christlichen Himmelfahrt des Hasen enden läßt, tritt bei Vischer buddhistisches Karma, das die Erzählung von Anfang bis Ende in Bewegung hält. Die allesumfassende Liebe des heiligen Franz von Assisi in Jammes' Roman wird an einer Stelle gegen Ende des Textes jäh gestört als der Hase zu ihm sagt: »Rends-moi ma peur. Rends-moi l'effroi.« Genau an dieser Stelle in Jammes' Roman setzt Melchior Vischer mit seiner Hasengeschichte ein, in der Haß, Rache, Angst und Schrecken einen unauflöslichen Teufelskreis bilden, aus dem keiner der Beteiligten je herauskommt.

Direkte Beziehung zum Thema hat das wohl ebenfalls von Jammes' Hasenroman angeregte parodistische Heldengedicht *Apokalyptische Hasenjagd oder Herrn Louis' Abenteuer im Badener Forst* von Carlo Mierendorff aus dem Jahre 1919, in dem der Hase Ham nach seiner Erlegung auf ›rosenen Wolken‹ gen Himmel schwebt:

 Da jubelt auf Herrn Louis' Herz.
 Er leckt den Bart, schmeckt schon die Soß'
 Und paff – – jagt er die Kugel los.
  Gebt Pulver, gebt Blei!
  Gebt Hasen dabei!
 Der Rauch zerreißt. Da schwebt ein Ton
 Aus himmlischem Orchestrion.
 Auf rosenen Wolken im Foxtrott
 Schwebt Ham beseligt hin zu Gott.
 Verhauchend klingt sein Stimmlein fein:
 »Gedenket mein! Gedenket mein!«
 (Fritz Usinger, *Carlo Mierendorff,* Wiesbaden 1965, S. 62)

Bei Jammes und Mierendorff ein mehr oder weniger christlich verklärtes Ende, bei Jammes kindlich fromm und herzerein, bei Mierendorff existentiell ohne Möglichkeit einer Lösung, es sei denn der Einsicht, daß ›zum Abschluß der Problemreihe, Sieg und Niederlage ineinandergeschlungen‹ (Usinger, a.a.O.) sind, ähnlich wie in Vischers Hasengeschichte die Existenz des Hasen und des Menschen geheimnisvoll und unausweichlich ineinander verzahnt und austauschbar sind.

Walter Steinbach schreibt in seinem Aufsatz *Der Dichter Melchior Vischer* über den *Hasen* (aus dem Zeitungsausschnitt-Archiv des Deutschen Literaturarchivs in Marbach; Quelle und Datum unbekannt): »Nach rastlosem, oft vergeblichem Mühen ward ihm endlich innere Befreiung. Zeugnis dafür ist sein schönstes Prosawerk: die Erzählung *Der Hase*. Einfach und schlicht berichtet hier der Dichter vom Leben eines Straßenkehrers, der vordem ein reicher Mann gewesen; von der Angst eines Verfolgten und Gefolterten; von der Seele eines Unschuldig-Schuldigen. Alles andere ist Episode. Nur die schmerzvollsüße Melodie von der Überwindung des Leids durchzittert das Ganze, das übertönt wird von den milden Akkorden grenzenloser Güte.«

Vorläufige Bibliographie der Werke in Buchform in annähernd chronologischer Reihenfolge

1.1 *Sekunde durch Hirn. Ein unheimlich schnell rotierender Roman*, Hannover, Leipzig, Wien, Zürich: Paul Steegemann, 1920, 49 S., Bd. 59—61 der Reihe *Die Silbergäule*. Umschlag von Kurt Schwitters.

1.1.1 Faksimiledruck im verlag petersen press, Berlin 1964.

1.1.2 Faksimiledruck in etwas verkleinertem Format im p.p. verlag, peter-paul zahl, Berlin 1966.

1.2 *Der Teemeister. Dramatische Dichtung*, Potsdam: Kiepenheuer, 1920 (?). Uraufführung: Altes Theater, Leipzig, Spielzeit 1923/24, Regie: Kronacher.

1.3 *Strolch und Kaiserin. Ein Schelmenroman*, Hannover, Leipzig, Wien, Zürich: Paul Steegemann, 1921.

1.4 *Der Teemeister*. [Prosa], Hellerau: Jakob Hegner, 1922, 91 S. [lt. Katalog im Deutschen Literaturarchiv, Marbach, erschien Der Teemeister in erster Auflage 1920; wahrscheinlich ist damit die dramatische Dichtung mit demselben Titel gemeint (s. 1.2)].»Der Roman ist in einer Type gedruckt, die aus der Vision einer Schrift vor aller stilistisch festgelegten Schrift hervorgeholt zu sein scheint [...] Der ›Teemeister‹ stellt somit das erste auch typografisch ›expressionistische‹ Buch dar.« [Stahlstempel geschnitten von Georg Mendelssohn in Hellerau; Schutzumschlag].

1.5 *Der Hase. Eine Erzählung*, Hellerau: Jakob Hegner, 1922, 96 S.

1.6 *Debureau. Ein Theaterstück in acht Bildern*, Potsdam: Kiepenheuer, 1924.»Geschrieben 1921«. Uraufführung im Frankfurter Schauspielhaus am 10. Dez. 1923; Regie: Richard Weichert. Lt. *Prager Presse* vom 31. Dez. 1922 (sic!) tschechische Erstaufführung im Smichover Svanda-Theater.

1.7 *Fußballspieler und Indianer. Für die alte Welt eine Tragödie, für die neue Welt eine Komödie und umgekehrt. In 8 Aufzügen*, Potsdam: Kiepenheuer, 1924, 211 [212] S.; S. [2]: »Würzburg, Frühjahr bis Sommer 1924«. Widmung für Eva German (d. i. Eva Vischer).

1.8 *Chaplin. Tragigroteske in sechs Bildern*, Potsdam: Kiepenheuer, 1924. Uraufführung im Stadttheater Lübeck am 31. Okt. 1924, Regie: Löwenberg. Gleichzeitige Aufführung in Braunschweig und Breslau.

1.9 *Kind einer Kameradschaftsehe. Roman*, Berlin: Verlag der Zeit-Romane, 1931 (in Zusammenarbeit mit Eva Vischer).

1.10 *Elisabeth geht zum Tonfilm. Roman*, Berlin: Verlag der Zeit-Romane, 1932 (in Zusammenarbeit mit Eva Vischer).

1.11 *Diana. Roman*, Leipzig: Goldmann (Die neuen blauen Goldmannbücher), 1934.

1.12 *Das Theaterschiff. Ein Roman von Schauspielern und Matrosen*, Leipzig: Goldmann (Die neuen blauen Goldmannbücher), 1935.

1.13 *Elisabeth und der Tonfilm*, Berlin: Aufwärts Verlag, zwischen 1935 und 1940. Jede Woche ein Roman Nr. 301.

1.14 *Liebeswunder. Ein Mädchen weiß nicht wohin*, Berlin: Aufwärts Verlag, zwischen 1935 und 1940. Jede Woche ein Roman Nr. 329.

1.15 *Eine Stadt sucht ein Kind*, Berlin: Aufwärts Verlag, zwischen 1935 und 1940. Jede Woche ein Roman.

1.16 *Junger Witwer mit Kind. Roman*, Berlin: Giebel, 1936.

1.17 *Münnich. Ingenieur, Feldherr, Hochverräter,* Frankfurt/M.: Societäts-Verlag, 1938, 574 S.

1.18 *Peke-Wotaw. Ein deutscher Junge unter Indianern. Älteren und neueren Quellen nacherzählt.* Mit vielen Textzeichnungen von Karl Staudinger. Acht Tafelbilder und eine Übersichtskarte, Stuttgart: Franckh, 1940 (unter dem Pseudonym Emil Fischer).

1.19 *Mak-Makwoh. Der weiße Indianerhäuptling. Alten und neuen Quellen nacherzählt,* Stuttgart: Franckh, 1940 (unter dem Pseudonym Emil Fischer).

1.19.1 *Der weiße Indianer* (Bearbeitung v. H. Haaser; Ill.: Wilde), Bergisch-Gladbach: Bastei-Verlag [1965], 186 S., Bastei-TB, Junge Leser Bd. 1 (ident. m. 1.19 unter demselben Pseudonym).

1.20 *Jan Hus. Sein Leben und seine Zeit,* 2 Bde., Frankfurt/M.: Societäts-Verlag, [1940], 400 S., 414 S. (1940/41 von der Gestapo verboten).

1.21 *Jan Hus. Aufruhr wider Papst und Reich,* Frankfurt/M.: Societäts-Verlag, 1955, 415 S. [Neue Bearbeitung von 1.20].

Nachwort

1

Eigentlich ist nicht viel zu sagen. Wie die andern hatte er ein Geburtsdatum, absolvierte die Universität, trug eine Uniform, hatte Ärger mit Verlegern, folgte Kaiser, Führer, Präsidenten oder folgte ihnen nicht und starb. Das Todesdatum, und das ist verwunderlich, liegt seit der Niederschrift dieser Zeilen kaum ein Jahr zurück. Verwunderlich deshalb, weil er zu Lebzeiten nicht erkannt wurde als Überlebender des Expressionismus/Dadaismus, wie Meidner oder Pinthus oder auch Hiller, der aber im Gegensatz zu ihm immer aktivistisch streitend da war. Er lebte, spätestens nach Kriegsende, verschollen, zurückgezogen und verbittert in einer kleinen Berliner Wohnung. Er hatte kaum Kontakt nach draußen, das Telefon war fast die einzige Verbindung.

Da ist es kein Wunder, daß nach seinem Tode kaum etwas anderes übrigblieb als der Name. Der allerdings prägt sich ein, hat man ihn einmal gehört. Da assoziiert man die heiligen drei Könige, und das attraktive Vau im Familiennamen, wo man eigentlich ein Eff erwartete, hat philosophisches Mystifizinskyenvironment.

So blieb der Name Melchior Vischer jahrelang im Gedächtnis haften, als Grundbaustein sozusagen, um den alles andere erst mühsam wieder versammelt werden mußte. Sein Pseudonym, Emil Fischer, unter dem er zuweilen publizierte, klang indessen weniger mystisch.

Glücklicherweise springt einen auch der Titel seines wichtigsten Buches *Sekunde durch Hirn* sofort an. Name und Titel verbinden sich so im Gedächtnis zu einem nicht mehr eliminierbaren Komplex. 1964 brachte die petersen press in Berlin *Sekunde durch Hirn* als Faksimiledruck heraus, was Melchior Vischer allerdings nicht viel bekannter machte. Er wird bis heute nur von einem ›harten Kern‹ geschätzt und teilt somit das Schicksal hervorragender Autoren wie Scheerbart, Mynona, Serner.

Melchior Vischer, geboren am 7. Januar 1895 im Zeichen des Steinbocks in dem tschechischen Badeort Teplitz-Schönau

(Teplice-Šanov) und gestorben im Alter von 80 Jahren 1975 in Berlin.
Er studierte Germanistik, Kunstgeschichte, Philosophie und Mathematik an der Prager Universität. »Ich war auf der Universität ein Phänomen, da ich, neben Philosphie und Germanistik, noch Mathematik als Fach hörte, während sonst die Herren der Philosophie von Mathematik weit entfernt sind.«[1] Jahre später noch betont Vischer, daß ein Eindringen in das höhere Wesen der Mathematik ein entsprechendes Eindringen in die Kunst nach sich ziehe und Mathematik dank ihrer objektiven Klarheit eigentlich doch letzte Lyrik darstelle, während Kunst, wenn schon nicht ein Vorurteil, so doch immer eine klägliche Privatansicht sei.[2]
Im Ersten Weltkrieg hatte Melchior Vischer mehr Glück als viele seiner Dichterkollegen. Als ›Blessiertenträger‹ überlebte er das Ende und schrieb unter dem Eindruck der Erlebnisse *Sekunde durch Hirn,* diesen »unheimlich schnell rotierenden Roman«, der ihn, auch dank rühriger Werbung des Verlags, schlagartig in literarischen Kreisen bekanntmachte. Auch im 17. Abschnitt des *Hasen,* dem längsten Abschnitt des Buches, steht einiges Autobiografische aus dieser Zeit der Kriegswirren.
Nach Kriegsende arbeitete Melchior Vischer als Autor und Redakteur der *Prager Presse* in der Jungmannova 21 in Prag. Seine Wohnung hatte er in Vinohrady, Neruda 32, Parterre. In den Jahren zwischen Kriegsende und etwa 1924 schrieb Melchior Vischer seine wichtigsten Werke, allen voran eben *Sekunde durch Hirn.* Wenn der Werbefachmann Kurt Schwitters den Umschlag dieses Buches mit dem schrägen Aufdruck »dada« versah, so galt das zu jener Zeit als besonders schick und versprach dem Verlag sicherlich eine Erhöhung des Absatzes. Doch die Thematik, die Behandlung der Sprache und der philosophische Überbau, falls es das überhaupt gibt, lassen uns *Sekunde durch Hirn* als eines der abgerundetsten Prosastücke in die dadaistische Literatur einordnen. Im Erscheinungsjahr des Buches, 1920, läuft Dada auf Hochtouren. Ausstellungen,

Gerichtsverhandlungen, die erste internationale Dada-Messe in Berlin, Dada-Almanache, ein Erik-Satie-Festival in Paris, Albert-Birots *L'homme coupé en Morceaux*, eine Tragikomödie für Akrobaten, Jongleure und Seiltänzer, all das ist in den Umkreis von *Sekunde durch Hirn* einzubeziehen.

1923 wird Melchior Vischer für seine dichterischen Leistungen, zusammen mit Wilhelm Lehmann, von Alfred Döblin mit dem Kleistpreis ausgezeichnet. Er hatte bis dato vornehmlich erzählende Prosa geschrieben, *Wasuru* (wahrscheinlich nicht erschienen), *Sekunde durch Hirn, Strolch und Kaiserin, Der Teemeister* und *Der Hase* sind die wichtigsten längeren Prosaarbeiten bis 1922. Von da ab wendet sich Melchior Vischer fast ganz der Theaterarbeit zu. Er schreibt eine ganze Reihe von Theaterstücken, von denen *Debureau* wohl am bekanntesten geworden ist und arbeitet als Dramaturg und Regisseur in Würzburg, Bamberg und von 1924 bis 1927 in Baden-Baden. Als Gastregisseur hat er nicht geringe Erfolge am Frankfurter Schauspielhaus. Über seine dortige Gastinszenierung von *Der Widerspenstigen Zähmung* schreibt Ernst Glaeser 1927 in der Neuen Badischen Landeszeitung: »Die Leistung Vischers aber war so überragend und schön, daß sich vor ihr die Skepsis und der anarchische Zynismus aller Illegitimen dieser Zeit verkroch.« Von derselben Inszenierung schreibt Kuno Brombacher im Mannheimer Tageblatt: »Da herrscht eine Gelöstheit von aller Theorie, eine künstlerische Unbekümmertheit um steril gewordene Bildungsbegriffe, eine Unmittelbarkeit des souveränen Griffs in die unbelastet nacherlebte Fülle dichterischer Visionen, wie sie so kühn nur eine geniale Begabung sich erlauben darf. Wo andere, wenn sie einen Shakespeare inszenieren, entweder im traditionell Philologischen stecken bleiben, oder die jeweils moderne Stilwut an ihm auslassen, inszeniert Melchior Vischer mit einer Sachlichkeit, die frappiert. Er macht Striche, die pietätlos scheinen, und bringt Einfälle aus eigener dichterischer Phantasie, was beides der durchschnittliche Regisseur nicht vermag, da seine Sachlichkeit über das Maß einer äußeren Treuherzigkeit meist nicht hinauskommt. Melchior

Vischer aber trifft mit kongenialer Sicherheit den Kern des dichterischen Willens, denn er hat das Wesen der künstlerischen Physionomie des Stückes erfaßt und kann nun frisieren wie er will.« Vischer inszenierte an verschiedenen Schauspielhäusern unter anderen Shakespeare, Shaw, Sternheim, Strindberg, Büchner, Achard, Molnar, Čapek, Goldoni, Nestroy. Die Auswahl dieser Stückeschreiber zusammen mit den Verfassern der Mottos vor seinen eigenen dichterischen Werken werfen ein Licht auf seine literarischen Altvorderen, mögen auch seine Verpflichtung zeigen.

Neben schriftstellerischem Schaffen und der Arbeit auf der Bühne war Melchior Vischer freier Mitarbeiter zahlreicher Zeitschriften und Zeitungen[3], wo er kleine Erzählungen, vor allem aber Rezensionen veröffentlichte.

Seine Mitgliedschaft im PEN-Club (seit 1930) erlosch mit dessen Auflösung im Jahre 1933. Dafür gibt es aus diesem Jahr briefliche Gesuche Vischers, in die Reichsschrifttumskammer aufgenommen zu werden. Diese Schriftstücke brachten ihm dann nach 1945 Ärger, da sie dem Kultursenat in Westberlin vorlagen.[4]

Der Beginn des tausendjährigen Reiches und das Versiegen von Vischers kreativem Schaffen scheinen zeitlich zusammenzufallen. Vischer wird nun Historienschreiber. Zwei voluminöse historische Biografien, über Münnich (1938) und Jan Hus (1940) bringen ihn, zusammen mit ein paar Jugendbüchern, über das dritte Reich.

Burchard Christoph von Münnich (1683 – 1767), im Untertitel des Buches ›Ingenieur, Feldherr, Hochverräter‹, genannt, war Reichsgraf, kaiserlich russischer Generalfeldmarschall und Premierminister. Kostomarow nennt ihn einen ›Meister der Wasserbaukunst‹[5]. Eine Gestalt also, die kontrovers genug war, um Vischer zu reizen. Das in der Verwendung der Sprache zu Tage tretende Engagement erinnert von ferne an seine früheren Prosaarbeiten: »... so wurde er endlich im Mansfeldischen seßhaft, wo er sich seinen vernarbten Körper von der jungen Annecke v. Einsiedel pflegen ließ;

Annecke pflegte ihn derart gut, daß auf der zugigen Burg bald sechs Kinder fröhlich plärrten ... Er wollte wohl – ohne sich dessen recht bewußt zu sein, daß er längst zum Spießritter geworden war –, umgeben von Kindergeschrei, Wildbret und Humpen, gemächlich dahinleben; wollte den Besitz vergrössern, indem er seine Hörigen nicht feiern ließ; wollte Ackerknechte verprügeln, demütige Scholaren hänseln, städtischen Kaufleuten manchmal einen Nasenstüber versetzen, mit Ritternachbarn zechen, auf die Jagd gehen. Und zuweilen durch ein frommes Gebet, wobei man eigentlich an gar nichts dachte, Gott erfreuen – das konnte man, statt in der eigenen verwahrlosten Burgkapelle, am besten an hohen Festtagen vor vielen Gaffern tun.«[6)]

›Eine gewisse journalistische Verve‹[7)] ist auch charakteristisch für seine im Original zweibändige Jan Hus-Biografie: »Als die Holzbündel heruntergebrannt waren, zerschlugen die Henker alles, was noch von dem verkohlten Körper übriggeblieben, schichteten dann neues Holz zum Brande hoch. Das Herz, das noch heil schien, steckten sie an einen Spieß und hielten es ins Feuer, so lange, bis es auch verbrannt war. Zum Schluß las einer der pflichtbewußten Schergen den papiernen Ketzerhut auf – den der Windstoß vorhin beiseitegeweht hatte – und warf ihn in die Flammen.«[8)] Vischers engagierter Stil verbindet sich mit dem wissenschaftlich-historischen Anspruch des Buches. Ein umfangreicher Apparat von 223 Seiten ›Belegen und Anmerkungen‹ und die ›Schlußbemerkung‹: »Alle in diesem Buche vorkommenden Aussprüche Husens, seiner Gegner und Zeitgenossen sind belegt«, zeugen von einer wissenschaftlichen Akribie, die möglicherweise unbewußte Flucht vor der Realität war. Theodor Heuß hat das Buch 1941 für die Neue Rundschau rezensiert[7)]. Vischers Stärke, und das gilt auch für *Münnich*, ist die psychologische Porträtstudie. »Man wird nicht fehlgehen, wenn man, bei aller umständlichen Sorgfalt, in dem Heranbringen von Quellenmaterial und Hinweisen, doch auch eine aus dem Zeitpunkt des Erscheinens bestimmte Absicht des Verfassers spürt: den historischen Jan Hus als psychologische

Erscheinung, gar als Kronzeuge aus den tschechisch-deutschen Volkstumskämpfen herauszuholen und gleichzeitig stärker, als es konfessionelles Streitbedürfnis eh und je tat, die juristische und moralische Lage des Ketzerprozesses in der Zeitgebundenheit und dem relativen Recht darzutun.«[9] Dies schreibt im Nazideutschland von 1941 Theodor Heuß, der am 24. März 1933 für die Ermächtigung stimmte, über Melchior Vischer, der im Nazideutschland Bücher veröffentlicht. All dies ist seltsam, bleibt dunkel und undefiniert.

Nach 1945 arbeitete Melchior Vischer eine Zeitlang beim bürgerlich-konservativen *Tagesspiegel* in Westberlin, zog dann, nachdem sich seine politische Haltung verfestigt hatte, mit dem gesamten Hausstand nach Ostberlin, wo er fester Mitarbeiter für das *Neue Deutschland* wurde. Seine Artikel wurden jedoch nicht publiziert, sondern dem Staatssicherheitsdienst zur Auswertung zugeleitet, worauf Vischer enttäuscht und empört wieder nach Westberlin zog, um sich erneut beim *Tagesspiegel* zu bewerben. Selbstverständlich wurde er abgelehnt, auch von allen anderen Berliner Zeitungen ignoriert. So lebte er von der Sozialfürsorge in ärmlichsten Verhältnissen zurückgezogen und gebrochen in seiner Wohnung in der Lindauer Straße 8, in die er nur selten jemand Einlaß gewährte. Seine einzige Lebensaufgabe sah er in der Erziehung seiner Tochter. In der Literatur- und Kunstszene Berlins tauchte Vischer nie mehr auf. Mitte der sechziger Jahre sah man ihn hin und wieder in einem linken Studentenlokal in der Nähe des Nollendorfplatzes. Ein humaner Sozialist, sagt Jes Petersen, in gewissen Situationen seines Lebens allerdings »ein wenig tollpatschig«.[10] 1964 machte der Faksimiledruck von *Sekunde durch Hirn* im verlag petersen press, berlin, erstmals nach dem Krieg auf Melchior Vischer aufmerksam. 1966 sind hektografierte Auszüge aus dem *Hasen* Pflichtlektüre für Studenten des Goethe-Instituts in Berlin. Kaum einem war klar, daß zu dieser Zeit der verschollene Melchior Vischer Einwohner von Berlin war.

Die einzige größere Literaturgeschichte, die Melchior Vischer mit den meisten seiner Werke erwähnt, ist überraschenderweise die *Geschichte der deutschen Literatur* des Frühnazis Adolf Bartels, erschienen 1928 in drei voluminösen Bänden[11].

2

Melchior Vischers Prosaarbeiten der zwanziger Jahre, die uns hier vorrangig interessieren, haben durchweg ein mehr oder weniger ausgeprägtes orientalisches, besonders fernöstliches Ambiente. Das geht von Titeln wie *Wasuru* oder *Der Teemeister* bis hin zu einfachen Anspielungen, wie die ›japanisch gedrehten Sätze‹ (S. 115), die ein Straßenkehrer mit ›arabisch geschwungener Nase‹ (S. 164) nicht formen kann. Diese Orientierung bleibt nicht oberflächlich. Vischer hatte, mindestens in den zwanziger Jahren, ein intimes Verhältnis zur östlichen, besonders buddhistischen Geisteswelt. »Bei manchen Buddhisten ist der Idealzustand erreicht; dafür ein Beispiel: Wir schließen den Deckel einer Marmeladenbüchse, damit keine Insekten an der Marmelade kleben bleiben; der Buddhist jedoch schließt den Deckel, damit die Insekten nicht in Lebensgefahr kommen.«[12] Die Liebe zum Tier ist eine buddhistisch-karmische Grundhaltung, die in vielen Werken Vischers zum Ausdruck kommt. Im *Teemeister* bekommt die Handlung die entscheidende Wendung, als der Taiko in provozierender Absicht eine Zikade mit dem Fuß zu Brei zerquetscht. »... ja, warum tötet man gute Tiere, warum?« (S. 87) Dies ist immer wieder die unbeantwortete Frage. Das bewußte Töten eines Tieres oder das Töten im Affekt, beides ist gleich unheilbringend. »Eines Morgens weckte mich eine Fliege aus meinem grenzenlosen Schlaf. Ich schlug zu. Sie fiel tot zu Boden. Ich war plötzlich ganz wach und ängstlich. Ich hatte noch nie ein Tier getötet, und mein Blick erstarrte ... Hernach kam mir der Gedanke, daß dieser Mord die frühe Vorausahnung späterer Morde sein müsse.« (S. 131f.) Vischers Hochachtung vor dem Tier ist integriertes Bestandteil seiner, allerdings nie direkt theoretisch ausgesprochenen Karma-Vorstellung. Die Existenz ist bei Vischer nie etwas von Anfang bis Ende Festgelegtes, Unabänderliches. Existenzen von Menschen und Tieren gehen ineinander über, sind märchenhaft miteinander verknotet, sind oft urplötzlich verwandelbar und rückverwandelbar, als ob die Tür zu einem anderen Leben für den Bruchteil einer Sekunde geöffnet und kaum, daß man etwas visuell bzw. bewußtseinsmäßig erfaßt hat, schon wieder zugeschlagen würde. Der Stukkatör Jörg Schuh wird in Sekundenschnelle in eine Fliege und zurück ›verwandelt‹, er findet sich plötzlich und unerwartet als Hoku in Japan oder als Lü Tschang in ›Schina‹ und durchhastet innerhalb von zehn Buchzeilen die Existenzen eines Statthalters, eines Mörders, eines Neugeborenen, einer Ratte, findet sich schließlich auf dem Mond wieder, wo er mit Pythagoras zusammentrifft. Innerhalb dieser rasanten Wiedergeburtsvorgänge geht er noch bei seinem eigenen Begräbnis mit und grüßt seinen eigenen Leichenzug, unter den Zuschauern auf der Straße stehend. So wird alles zum Kreis; Gerade und Quadrat sind Fiktionen des Abendlandes. Auch Pythagoras, der auf dem Mond lebt, hat das inzwischen eingesehen: »Mein Lehrsatz ist falsch ... alles ist Kreis, nie Quadrat. Quadrat ist unendlicher Blödsinn zur Minuspotenz.« (S. 60) Die Existenzen von Tieren und Menschen und Pflanzen sind in einem Kollektivschicksal verwoben, das außerhalb unseres Zeitverständnisses sogartig funktioniert. Von hier aus gesehen ist der Untertitel des Textes *Sekunde durch Hirn:* ›Ein unheimlich schnell rotierender Roman‹ nicht nur dadaistische Faxe.

In seinem Faible für Ostasiatisches schafft dann Vischer allerdings manchmal auch groteske, nicht selten verzwungene Akkulturationsszenerien. Der Dichter Friedrich Schnack ist da plötzlich »zu einem fränkischen Buddha geworden, der Steinwein getrunken hat und mit den Augen blinzelt«.[13] Die deutsche Ortschaft Frickenhausen wird für Vischer zur östlichen Zone und ist »märchenhafte Ausdrucksform mit asiatischem Lichtglanz«.[14] Das Übertragen des Ostens auf den Westen gelingt Vischer jedoch glaubwürdiger und organischer in dadaistisch-expressivem als in romantisch-schwärmerischem Bemühen, denn bestimmte Zen-Praktiken haben oft frappierende Parallelen in dadaistischen Aktionen. Zenmönch und Dadaist machen auf die Schäbigkeit der ›sinnvollen‹ Welt aufmerksam[15], der Zenmönch freilich aufgrund langer Tradition mit konsequenterer Selbstdisziplin. Das buddhistische Ziel, Satori, nach gröblicher Verallgemeinerung vergleichbar mit der Aufhebung der Gegensätze in der polaristischen Philosophie, war aktuelles Thema der Literatur und Philosophie in den ersten zwei Jahrzehnten dieses Jahrhunderts. Melchior Vischer hat die Idee des Zusammenfallens von Extremen konsequent verfolgt und konzessionslos belletristisch fixiert. Noch ganz im O-Mensch-Pathos der Zeit schwelgend, predigt er die Aufhebung des moralischen Entwederoder. Jede Verhaltensweise hat in einer bestimmten Situation ihre Richtigkeit: »Gescheit und blöde, erlogen und wahr, . . . , erhaben toll und toll erhaben . . .« (S. 33) In dieser Neutralisation der Gegensätze gibt es keine Unterscheidung mehr zwischen Erhabenem und Niederem. Da heißt dann ein ›filosofisch Lied‹: Beim Schwanewirt ist Musik, beim Schwanewirt ist Tanz!« (S. 44) Und Jörg »dachte halb an den Busen der Gegenüberkokotte, halb an den schönen Flimmer der Milchstraße, die zum Saturn führt . . .« (S. 65) Wo sich diese beiden Bewußtseinslinien kreuzen (daß sie sich kreuzen, ist a priori nicht selbstverständlich, für den Expressionisten/Dadaisten jedoch symptomatisch), da ist der ›Punkt‹, den die beiden Professoren suchen (S. 44), da steigt der ›Sonnenmondtag‹ (S. 76) herauf. Diese Gegensatzverknüpfungen auf belletristischem Terrain entsprechen ziemlich genau der Philosophie des Mannes, der in der ersten Hälfte unseres Jahrhunderts die polaristische Philosophie am konsequentesten durchdacht hat: Salomo Friedlaender. Seine ›Schöpferische Indifferenz‹[16] wird eben in diesem Vischerschen ›Punkt‹ freigesetzt. Und ist erst einmal das punktuelle ›ICH-Heliozentrum‹[17] erreicht, dann tut ›die ganze Erde einen goldenen Klang‹[18], und rundet sich erstmals, wird Kreis.

Jörg Schuh, eine Art Übermensch, ist Mischling. Er vereinigt die Pole schwarz (Vater) und weiß (Mutter), ohne daß sie sich zu grau vermischen: sein eines Ohr ist schwarz, sein anderes weiß. »Das weiße ist dumm wie der Acker Europas, hört nichts. Das schwarze hingegen hört alles: Vergangnes und Zukünftiges, bis sich der Kreis schließt.« (S. 36) Gegensätzlichkeiten treffen sich wiederum in besagtem ›Punkt‹, hier Jörg Schuh, und werden dadurch mehr als ihre Summe. Melchior Vischer, durch Herkunft mit dem Pol Europa, ›dem verfluchten Westen‹ (S. 51), untrennbar verbunden, sucht in vielen seiner Werke Gegenpole zu Europa und findet sie im Exotischen, in Japan, im Neger, in der Eskimofrau. Jörg Schuh findet befriedigende ›Kultur‹ bei den Eskimos, die noch unverdorben, d.h. hemmungslos koitieren können, während in Europa nur ›strafbare Exhibition grinst‹ (S. 51). Die Theaterstücke *Chaplin* und *Fußballspieler und Indianer* haben das polaristische Spiel regelrecht zum Thema. Im letzteren kommt dies im Untertitel zum Ausdruck: »Für die alte Welt eine Tragödie, für die neue Welt eine Komödie und umgekehrt.« Hier ist der Sport nur Mittel zum Zweck. Der europäische Held stirbt am Wald, an der Wildnis, die der Zivilisation mit ihren unmenschlichen technischen Einrichtungen weichen muß. Die Natur unterwirft sich der Unnatur. Die Indianer fußballern! Dem Anarchismus, der jetzt Realität geworden ist, wird nichts mehr entgegengesetzt. Die Wirklichkeit wird mit Begeisterung erlebt. »Alles ist Leben!« schreibt Melchior Vischer. »All is pretty!« sagt Andy Warhol.

3
Melchior Vischers Bezugspunkte im christlichen Kulturbereich sind unerfreulich, weil plump und aufdringlich. Auch das altjapanische environment des *Teemeisters* kann das Blut Christi nicht integrieren; mit einem Austausch von Wörtern in einem ansonsten wörtlichen Zitat kann kein Akkulturationsprozeß

ausgelöst werden. »Der Kelch ist mein Herz, der Tee ist mein Blut...« (S. 109), »Ich bin der Tee des Lebens!« (S. 97), »Was ihr meinem Kelch getan habt, habt ihr mir getan.« (S. 93), »Bach, ich will Deine Last auf mich nehmen!« (S. 29), das sind sprachliche und inhaltliche Banalitäten, die einen Neudruck nicht rechtfertigen würden, wäre Melchior Vischer nicht in mehrfach anderer Hinsicht für den heutigen Leser interessant.

4
Liebe heißt für Melchior Vischer gefährliches Abenteuer, sofern nicht Agape bleibt. Sowie sich Körper berühren, kommt Grausamkeit mit ins Liebesspiel, wird aus dem Spiel der Geschlechter harte Pornografie. Da wird eine gebärende Mutter zu Tode ›gestriemt‹ (S. 38), da wird eingetrocknetes, auf den Schenkeln der Geliebten verspritztes Sperma unter dem Atem eines Tigers wieder flüssig (S. 102), da werden Brüste zerfetzt und in die Scham krallt sich die Pranke des Tigers (S. 103), da wird die Geliebte bei der ersten intimen Begegnung mit dem Riemen blutig geschlagen[19], da sind Blutspuren und Tomaten zwischen Frauenschenkeln (S. 28), da beißt die vor Geilheit überquellende Fürstin den Simon von Kyrene fürchterlich in seine starke Mannheit, auf daß er vor Entsetzen durchs Fenster springt (S. 29), da vergewaltigt einer ein Weib durch den Mund dergestalt, daß sie am Ejakulat elend erstickt[20].
Sexuelle Vorgänge setzen Handlungsabläufe in Gang bzw. verursachen Richtungsänderungen. Jörg Schuh stürzt in *Sekunde durch Hirn* vom Baugerüst ab, weil er den großen, prächtig plastischen Busen (»Bubusen«) der Magd Hanne aus dem Wolkenkratzer Nr. 69 (sic!) mit geilen Augen bewundert, und mit dem Beginn des Sturzes kommt die Handlung in Gang, die dann mit dem tödlichen Aufprall auf dem Pflaster endet.
Hemmungslose Sexualität ist auch hier das Nicht-Europäische, das befriedigend Exotische, das dem Westen polar Entgegengesetzte. Vor der akademisch gebildeten Frau mit Lesebrille

ergreift Jörg Schuh entsetzt die Flucht, dagegen befriedigt er in drei Nächten hundert Eskimoweiber (»Ich bitte nicht drängen meine Damen!«) (S. 51 u. 48). Sexualität in Europa geht nicht an die Existenz, wird nur aus purer Langeweile praktiziert, ist bloßer Zeitvertreib. ›Zum Zeitvertreib‹ auch macht Jörg Schuh, inmitten vor ihm hingespreizter Negerweiber, Gummischwänze für die Frauen der Mitglieder der Friedenskonferenz in Paris. (S. 57)

5
Melchior Vischer schreibt einmal über Ringelnatz: »Er ist in seinen Gedankenverbindungen immer sprunghaft; aber selbst die abenteuerlichsten Bindungen sind bei ihm noch organisch; im Stofflichen, im Gedanklichen: in dem Drunter und Drüber ist so etwas wie eine göttliche Ordnung... in dieser Erkenntnis schlägt er über seinen eigenen Schatten hinweg einen Purzelbaum, verspottet das menschlich Heilige, Gefühle und sich selbst. Weil er Gott im Geheimen liebt, macht er dann aus ihm eine Gipsbüste.«[21]
Was Vischer hier über Ringelnatz schreibt, klingt wie eine Eigenanalyse. Das Inwortefassen von simultanen Eindrücken und die daraus resultierende Diskontinuität sind Vischersche Eigenheiten. Er gerät dadurch häufig in die Nähe der progressivsten Sturm-Dichter (Stramm, Behrens, Nebel, Schreyer, Mürr, Allwohn) mit ihren aufs Rudimentäre reduzierten lyrischen Gebilden. »Knittrige Wolke schwimmt gerade grubendunkel über himmligen Plüsch.«/»... die Pose des Narren frechte lästernd,...«/»Kies knirschte gell...«/»Steuermanns Haus schnapste Budike.«/»Spitze grelle Lacher ballten sich noch hoch.«
Melchior Vischer gehört zu den konsequenten spätexpressionistischen Prosawortkünstlern. Entsprechend den Wortkunsttheorien der Berliner Sturm-Künstler geht es ihm, einmal abgesehen von thematischen Zielen, um eine Konzentration

des sprachlichen Materials. Es wird ein Text angestrebt, in dem alles Hauptsache ist. Sätze und ganze Gefühlsbereiche werden in ausdrucksstarke Begriffe verdichtet. Artikel und Personalpronomen werden häufig eliminiert: »Haus brannte, auch papierner Lampion fing Feuer, Nachthimmel war gar nicht so schwarz, eher bläulich, nun goß Rot von unten in gischtender Garbe hoch,...«/»... zu Ende gewann Finsterzukken über Gesicht Oberhand,...«/«Er war Maurer, hatte weißes Gesicht, dunklen Bart, fiel vom Dach, brach sich Genick,...«. Ähnliche Phänomene der Reduktion finden sich in Militär- und Amtssprachen, und in der Tat glaubt man auch bei Vischer hie und da den Feldwebel herauszuhören: »... unter Absingung alter Tempelmelodie...«/«... auch er nicht Ähnlichkeitstheorien in bezug auf Neugebornen für später abwarten wollte,...«. Die Konzentration des sprachlichen Ausdrucks wird weitergetrieben durch eine bestimmte Diminutionstechnik, wobei Adverbien, Adjektive und Pronomen isoliert nachgestellt werden: »Andres Gestirn bleckt vom Firmament. Ölig.«/»Herrisch er noch immer. Und nackt. Er.« Das Verb im Nebensatz wird weggelassen bzw. es ändert die Position im Satzgefüge: »... er wußte, daß er Stukkatör.«/»Er zückte einen Kreiselstoß von Bewegung empor, zur Kuppel, wo Sterne;...«//»Alpenzu er schritt.«/»Im Butzenscheibenhaus er verschwand...«.
Die sprachliche Fixierung von Simultaneität und Konzentration und des dadurch sich ergebenden Bestrebens nach Aufhebung der Zeit praktizierte Melchior Vischer entsprechend den Wortkunsttheorien des Sturmkreises, wobei nicht bekannt ist, ob er Verbindungen irgendwelcher Art mit den Sturmliteraten hatte und inwieweit er deren Arbeiten kannte. Mitarbeiter der Zeitschrift *Sturm* war Melchior Vischer jedenfalls nicht. Auch zu den Dadaisten hatte er offensichtlich keinen direkten Kontakt.
Lothar Schreyer, Professor am ›Staatlichen Bauhaus‹ in Weimar, führte in seinem 1918 erschienenen Buch *Die neue Kunst* die von Holz und Mombert begründete Wortkunsttheorie fort. Danach bildet die Grundlage eines Textes nicht

der Satz, sondern das Wort. Entsprechend unterscheidet er Wortsinn (oder Wortinhalt), Wortklang (oder Wortform) und Worttonfall (oder Wortrhythmus). Nicht der Dichter soll der Sprache Gesetze geben, die Sprache gibt sie sich selbst.
Ein besonderes Gesicht verleiht Melchior Vischer seinen Texten durch eine äußerst eigenwillige und gezielte Verwendung von eingedeutschten Fremdwörtern (Rephrän, Stukkatör, Schelee, Miljö, Mayonnäs, Schenie, Provokatör, Kuplääh, Schandarm, scharmant, Schina, Parföm, Schofför, Schampanjer, Schonglör, Göthe, Fänomen, Folosofi), von ungebräuchlichen verbalisierten Nomen (buckeln, schnellzugen, vokalen, wegangsten, karussellen, steinen, gatten, scharnieren, monden, schatten, gesten, niederschemeln, schnapsen, beifallen, blütenschneen, schloten, trümmern oder satzen im Sinne von ›einen Satz sagen‹ und ›einen Satz machen‹), von untergegangenen Wörtern und Formen (wannen, ward, deuchen, anseit, blutt, güst, lass, gäh, schwälen, hiezu, weng, Gauch) und von Wortneubildungen (insehen, zertöten, sturzseen, Geschrift, horsam, einbogen, abkichern, Gemensch, Geberge, überbald, Zerlärm, Sonnensunk, hygiänisch).

6
Solcher Eingriff in die Normalsprache, der häufig den Aussagegehalt eines Satzes in einem Wort oder einer Wortverbindung konzentriert, gewissermaßen Sachverhalte semantisch punktualisiert, ist Charakteristikum der Sturmdichter (zu deren Kreis Melchior Vischer wie gesagt nicht gehörte). Vor allem in den frühen Prosadichtungen verwendet Vischer häufig Wörter und Wortverbindungen, »die darauf beruhen, daß klangähnliche Wörter im Gehirn benachbart gelagert sind und gemeinsam ›abgerufen‹ werden können«[22], also eine ähnliche Funktion erfüllen wie die ›Etyms‹ Arno Schmidts.
Die ›endlich gefundnen ichthyosaurischen Urlaute‹ von Löwe, Pferd, Hund, Hirsch und Vogel (S. 76) haben ihre Tradition in

den Versuchen früher Unsinnspoesie etwa von Lewis Carroll[23], Christian Morgenstern[24], Paul Scheerbart[25] und weisen auf Lauttexte der Konkreten Poesie wie beispielsweise diejenigen von Ernst Jandl[26].
Melchior Vischer liebt Raum- und Zeitkontraktionen, wenn der historische Zeitbegriff nicht überhaupt irrelevant ist. Jörg ist ›zwischen zwanzig und sechstausend Erdlebensjahren‹ (S. 79). Innerhalb weniger Seiten werden enorme Entfernungen zurückgelegt: Ägypten – Schwarzafrika – Singapur – Hongkong – Australien (*Der Hase*); Portugal – Italien – Lappland – Amerika – Nagasaki — Hammerfest – Afrika – China – Mond – Prag – Madrid – Italien – Südtirol — Fiume – Budapest — Berlin – Brasilien – Kap Horn – Golf von Mexiko – Europa (*Sekunde durch Hirn*). Entsprechend diesen Ortsveränderungen wechselt der Held in rasend schneller Folge Person und Funktion: Zirkusnarr – Kohlenschipper – Schreiner – Zigeuner – Kirchendiener – *(Simon von Kyrene*); Baggerer – Liebhaber – Holzschnitzer – Klosterkücheninspektor – Landstreicher – Steinmetz – Gymnasiast – Fußballspieler – Kuli – Maurer – Sonnengott – kaiserlicher Statthalter – Abgeordneter – Präsident (*Sekunde durch Hirn*). Die fluchtartigen Sequenzen der Reisen und Lebensabläufe weisen Parallelität auf. Ein ursprünglicher Zusammenhang besteht zwischen Ort und Existenz. Ein auf unendliche Zeit angelegtes Karma wird in einem nur wenige Sekunden dauernden Absturz von einem Baugerüst verdichtet. Die Vorstellung drängt sich auf, daß ein allmächtiger Berserker die Fäden in der Hand hält und die Personen entsprechend berserkerhaft durch Welt und Weltraum jagt. Nichts ist an seinem Platz, alles ist austauschbar, einen Boden unter den Füßen gibt es nicht mehr: so bietet sich die Szene den beschränkten Erkenntnismöglichkeiten menschlichen Geistes dar. Das Logische reicht nicht mehr aus, die Welt zu erklären, weil jedes gefundene Axiom das andere widerlegt. Carl Einsteins *Bebuquin* (1906/1909)[27], aus dem Vischer in *Sekunde durch Hirn* die vielzitierten programmatischen Sätze übernimmt »Zu wenig Leute haben den Mut, vollkommenen Blödsinn zu sagen. Häufig

wiederholter Blödsinn wird integrierendes Moment unseres Denkens; . . .«, ist in dieser Grundstimmung geschrieben, wo man sich nicht mehr für das Korrekte, Vernünftige interessiert, wo man das Unmögliche so lange anschaut, bis es eine leichte Angelegenheit wird, wo man einfach verfallen ist in die Grenzenlosigkeit des Humors und zu der Erkenntnis gelangt, daß es lächerlich ist, auf dieser Erde einen Zweck zu haben.
Einige Jahrzehnte später findet sich diese Grundstimmung auch in den frühen Werken Allan Ginsbergs, wenn er zum Beispiel gegen die Akademisierung der Literatur polemisiert und diejenigen begrüßt, »die Vortragende über Dadaismus am College mit Kartoffelsalat bewerfen«[28]. Nicht wenig in Thema und Gehalt hat Melchior Vischer mit den Beat-Leuten gemeinsam, nicht zuletzt der Hang zum Buddhismus verbindet sie. Instinktiv, unstet, amoralisch, zuweilen romantisch wie die Texte von Melchior Vischer sind auch die Bücher von Kerouac, doch nehmen die sich im Vergleich zu Vischers pikaresker »On the road«-Hatz im dynamischen Fortschreiten der Handlung aus wie Werke geruhsamer Behäbigkeit.

Kabul/Afghanistan　　　　　　　　　　　　　　Hartmut Geerken
April 1976

1) Aus einem offenen Brief an den Intendanten des Frankfurter Schauspielhauses in: *Fünfundzwanzig Jahre Frankfurter Schauspielhaus*, 1927, S. 91
2) Ebd. S. 91 und in *Sekunde durch Hirn* S. 74f.
3) *Vossische Zeitung, Kölnische Zeitung, Hamburger Fremdenblatt, Die literarische Welt, Die neue Schaubühne, Das Dreieck, Das neue Dreieck, Die Bücherstube, Die Literatur* u.a.
4) Freundliche Mitteilung von Jes Petersen, Berlin, vom 14.4.1976
5) Nikolaj Iwanowitsch Kostomarow, *Russische Geschichte*, 1871
6) *Münnich*, S. 11
7) Theodor Heuß, *Jan Hus* [Rez.] in: *Die neue Rundschau*, Jg. 52, 8. Heft, 1941, S. 486
8) *Jan Hus*, 2. Bd., S. 189
9) a.a.O., S. 485/486
10) Die Fakten über Vischer nach dem zweiten Weltkrieg sind einer freundlichen Mitteilung von Jes Petersen, Berlin, vom 14.4.1976 entnommen.
11) Erwähnung Vischers in Band III, S. 972
12) Melchior Vischer, *Tierbücher* [Rez.] in: *Die Literatur*, Jg. 32, 1929/30, S. 340
13) Melchior Vischer, *Friedrich Schnack* [Essay] in: *Das neue Dreieck*, Jg. 1, 1926, H. 1, S. 29
14) Melchior Vischer, *Friedrich Schnack* [Essay] in: *Die Bücherstube*, Jg. 4, 1925, S. 103f.
15) Hartmut Geerken, *Die goldene Bombe*, Darmstadt 1970, S. 29
16) Philosophisches Hauptwerk Friedlaenders aus der Berliner Zeit, 1918[1], 1926[2]
17) Wichtigster terminus technicus der Friedlaenderschen Polaritätsphilosophie der Pariser Zeit (1933 – 1946)
18) Mynona (= Salomo Friedlaender), *Von der Wollust über Brücken zu gehen* in: Hartmut Geerken, *Die goldene Bombe*, Darmstadt 1970, S. 192
19) Melchior Vischer, *Das gefährliche Abenteuer* in: *Das Dreieck*, Jg. 1, Okt. 1924, H. 2, S. 45
20) Melchior Vischer, *Riemenschneiders Himmelfahrt* in: *Der*

Aufstand, Jg. 1, Mai 1925, H. 1, S. 69f.
21) Melchior Vischer, *Joachim Ringelnatz: Flugzeuggedanken* [Rez.] in: *Die literarische Welt,* Jg. 5, Nr. 49, 6. Dez. 1929, S. 8
22) Jörg Drews, *Vor Zettels Traum,* in: *Zeit,* Nr. 44, 31. Okt. 1969.
23) *'twas brillig,* 1855
24) *Das große Lalulā,* um 1895
25) *Kikakoku! – Ekoralaps!,* 1897
26) *auf dem land,* 1963; *bestiarium,* 1957
27) Carl Einstein, *Gesammelte Werke,* Wiesbaden 1962, S. 192-241
28) zitiert nach: Gustav Sack: *Prosa, Briefe, Verse,* München-Wien 1962, S. 10 (Vorwort von Dieter Hoffmann)

INHALT

Der Schogun 5

Simon von Kyrene 13

Sekunde durch Hirn 31

Der Teemeister 81

Der Hase 113

Zu den Texten 165

Vorläufige Bibliographie der Werke
in Buchform in annähernd chronologischer
Reihenfolge 181

Nachwort 187